部下を引っぱり、役員を狙う

課長の仕事術

麻野 進
Asano Susumu

はじめに

本書を手にとってくださったあなたは、今どういう立場にいるのでしょうか。

新任課長の方でしょうか。

内示が出て、まもなく「課長」という肩書がつく、中間管理職の仲間入りをしようとしている方でしょうか。

または、課長に就任してしばらく経つが、組織マネジメントが思うように回っておらず、困っている方でしょうか。

あるいは、うまく組織マネジメントができていない課長を指導する立場の上司でしょうか。

私は、組織・人事コンサルタントとして企業研修や調査ヒアリングなどを通じて年間1000人を超える右記のような管理職前後の立場の方々と接する機会がありますが、ここ最近、自信を持ってマネジメントを実践している方の少なさを痛感しています。

また、クライアント企業の昇進・昇格・人材開発の仕組み作りをしている身としていつも思うのは、多くの人は制度に従って努力はしますが、「制度を活用しよう」というマインドが欠如していることです。

私には「こうすればもっと会社から認められるのにもったいない」と感じることが多いことから、残念な働き方やマネジメントになっているリーダーに、会社の本意をお伝えすることをライフワークにしています。

私は20年以上に渡り、部外者という客観的な立場でコンサルティング活動をしていますが、もともとはサラリーマン・コンサルタントして年間５０００時間以上働き、入社6年間でいち担当者から取締役へとスピード昇進しました。

ところが社長との確執や組織運営の意見の相違から退職に追い込まれて転職し、5年後、今度はリーマンショックの直撃で所属組織がおとりつぶしになり、２度のリストラを経て独立しました。

このように職務としての「マネジメント」支援に加え、「出世」「リストラ」という天国と地獄を味わった経験を踏まえて、現代の課長が勝ち残り、負けても生き残る術をお伝えしようと考えました。

課長を取り巻く環境の変化

昨今、課長を取り巻く環境は激変しています。

グローバル化の進展、長引くデフレなどにより、企業間競争が激化し、現場の最前線の課長の目標は年々厳しいものとなり、業務量が激増しています。

その上、伸び悩む企業業績からコストカット（主に人件費削減）施策が定着し、人手が増えない状況で生産性の向上が求められてきました。

また新規ビジネスへの参入や構造不況対策、業務提携などを企図したM＆Aが盛んになり、不慣れな部門への配置転換やM＆Aに伴う組織統合で、異文化で育った部下のマネジメントに苦労している姿を垣間見ることがあります。

そこに、最近では労働時間の改善を含む「働き方マネジメント」が加わり、課長に課せられる役割は年々拡大しています。


このような変化のしわ寄せを受ける課長は、今後どのように仕事のバージョンアップをはかるべきなのでしょうか。

課長のマネジメントは3・0時代に

課長を対象にしたマネジメント教育は、戦後アメリカから日本に紹介されたＭＴＰ（Management Training Program）研修が、長らく管理職基礎教育として課長教育の定番でした。

そこでは「管理の基礎」「変革への管理」「管理のプロセス」「育成と啓発」「信頼関係の構築」「リーダシップ」といったテーマで学習します。これを私は〝課長のマネジメント1・0〟と考えます。

近年になり、グローバル化やＭ＆Ａなどによる業務量の増加だけでなく、「セクハラ」「パワハラ」「コンプライアンス」「雇用の多様化」などへの対応が迫られるようになったのが〝課長のマネジメント2・0〟です。

さらに現在は、社員の多様性を尊重する「ダイバーシティ・マネジメント（社員の多様性を考慮したマネジメント）」が求められるだけでなく、「部下の働き方を改革せよ！」というミッションが上から降りてきます。

また、ビジネスのスピード化、ＡＩ化の進展が想定され、ＩＴの発達とともにより多く、より早く、より高度なマネジメントが求められています。

このような状況になっては、もはやマネジメントのOSを〝課長のマネジメント3・0〟にバージョンアップしなければなりません。

1・0や2・0のままでは、部下の残業削減分の仕事を時間外手当がつかない（つけられない）課長が吸収する羽目になってしまいます。

このような問題意識から、本書では、課長に今すぐ実践していただきたいマネジメントの基礎を説いています。その上で、3・0へのアップグレードをはかっていただくために必要な仕事術をまとめました。

私自身の経験はもちろん、これまで延べ2万人以上のリーダー層と接してきて確信した「新時代の課長に必須の強化書」になっています。

本書の内容を実践すれば、必ず課長は強くなると考えます。

期待に胸をふくらませている新任課長も、不安で寝つきがよくないリーダーも、そこそこやってる課長も、部下の育成に悩める部長も、ぜひ本書を読み進めてマネジメントのバージョンアップを試みていただくことを切に願っています。

課長の仕事術 ― 目次 ―

第2章 課長のマインドセット

第3章　課長の業績マネジメント

第4章　課長の育成・評価術

第5章　課長の競争とサバイバル

カバーデザイン　ＯＡＫ　小野光一

第1章

課長に必須の仕事の心得

1 一般社員とは違う「課長に求められること」

「経営者に向いて話を聞く」から「部下に向かって話をする」側へ

課長になると会社での立ち位置が大きく変わります。

その1つは、経営サイドの人間になるということです。これまでは、経営者のほうを向いて、「社長は何を言うのだろう」といったスタンスで話を聞いていたのが、これからは一般社員のほうに向き直して「社長はこういうことを言っているのだ」と**自分の言葉で会社の経営方針を語る側に回る**のです。

役員になったり、社長に就任するのは「経営サイドの人間になる」延長線上に過ぎません。しかし管理職になるのは、ビジネスパーソンとしての最大の変化です。

そして向きが変わったということは、戻れない「三途の川」を渡ったことを意味します。

労働組合のある会社なら、使用者側に行ってしまった管理職が、また組合員に戻るということはめったにありません。たとえライン管理職を外れても「部下なし管理職」として経営サイドでの活躍が求められます。

２つ目は、労働時間を管理される側から、管理する側になるということです。これからは少なくとも、労働時間は誰からも管理されない存在になります。法律上も管理監督者であれば「課長としての責任を果たしてくれるなら、会社に来なくてもいい」立場となり、**自己管理による成果創出がより一層求められます**。

ただし気をつけなければならないのは、時間管理されないがゆえに、自身の労働時間に無頓着になりやすいということです。働き方改革では「部下の残業を減らせ！」と上層部からプレッシャーをかけられますが、仕事を急に減らせるわけではないので、**時間管理されない（残業代がつかない）課長にしわ寄せが行っている**現実があります。

会社が課長に期待していること

会社は、経営サイドに立った課長により高い視座を求めています。

目の前の商談の成否に一喜一憂するのではなく、この取引が中長期的に見て組織業績にどういう影響があるのかというような視座の高さです。

そのためには実務に没入するのではなく、組織や事業について広く見渡し、会社の理念を深く理解した上で、ビジョンや戦略を踏まえた中期的な視点に立つことが期待されているのです。

そして部門のマネジメントをしっかりと行うためにも、**社内外に広くネットワークを築き、深い専門性と広い視野に立って業務を遂行する**ことが求められています。

課長が担う3つの責任

経営サイドという立場に変わり、中期的視野に立って部門マネジメントを適切に遂行するには、次の3つの責任を果たすことを志向しなければなりません。

第1は、**「成果責任」**です。

ただ単に単年度の成果を出そうとするのではなく、ビジョンや戦略の実現に向けて、**成果を出し続ける**ことを目指さなければなりません。預かった組織を存続・成長させることを前提としたマネジメントが必要となります。

第2は、**「育成責任」**です。

成果を出し続けるとは、昨年度より本年度、本年度より来年度はより高い業績目標にチャレンジすることが求められます。とはいえ簡単に人員を増やせる組織は限られています。現有の人員体制で目標を達成しなければならないので、**組織の労働生産性の向上、**すなわち人材育成が不可欠となります。

第3は、**「変革責任」**です。

これも第1の責任である「成果責任」を果たし続けるためには、ビジョンや戦略と現状とのギャップを埋めるイノベーションを起こす必要があります。

現代のような変化の激しい時代に、昨年度と同じ施策で乗り切るのは不可能です。変革意識を持ち続け、実行に移すことが重要となります。

経営者は「変革」という言葉を好んで用いますが、実際は経営者がイノベーションを起こすのではありません。現場をよく知っている課長が部下に働きかけてこそ、**実務に即した変革**が可能となるのです。

2 課長の役割を知る

課長は「管理」ではなく、「マネジメント」をする人

「課長の役割は任された〝課〟をマネジメントすることだ」という言葉に異を唱える人はいないと思いますが、そもそもマネジメントとは何でしょうか。

以前、議論好きのイギリス人のコンサルタントに「マネジメントを日本語で何と訳されている?」と不意に尋ねられたので、不用意に「管理」と答えると、「それはコントロールだろう」と言われてしまいました。

続けて彼は「マネジメントは上司から言われたことを何とかすることだ。会社から与えられたヒト・モノ・カネ・情報という経営資源で何とかミッションを果そうとする行為がマネジメントなんだ」と流暢な日本語で聞かされました。

実際ＰＤＣＡ（Plan-Do-Check-Action）のマネジメントサイクルでは、イメージ的に「コントロール」を連想させてしまいます。そこで、私も企業研修の場面で新任課長にマネジメントの講義をする際には、次の5つの行為が具体的なマネジメント行為であるとお伝えしています。

「目標設定／計画策定」（Plan）
「役割提示／組織化」（Organize）
「指揮／指導」（Direct）
「統制／結果分析」（Control）
「部門内調整／部門間調整」（Coordinate）

つまりここでいう管理（コントロール）はこれらマネジメントタスクの一部分に過ぎず、任された組織の経営を行っていくことがマネージャーの役割なのです。

社長は当然会社全体の経営者ですが、部長は「統括部門」の経営者です。そして、課長は任された「課」の経営者なのです。

5つのマネジメント活動の要諦

「目標設定／計画策定」（Plan）では、組織のミッションを設定または上司に確認し、チャレンジングに達成のストーリーを考え、何かに力点を置いて計画を推進するのですが、〝絶対にやり切る〟という決意・覚悟が必要です。「何とかする」という意気込みが重要で、それが感じられない課長は、早晩〝任〟を解かれる運命にあるとっても過言ではないでしょう。

新任課長に話を聞くと「私にも課長の順番が回ってきました」と謙遜しながら話す人がいますが、責任者になったら謙遜は不要です。意気込み・決意・覚悟を語ってください。

「役割提示／組織化」（Organize）で重要なのは、「役割とは、成果創出の分担」であることを部下に理解させることです。

基本は部下の実力に見合った役割を与えることですが、より高い業務目標、活動へのチャレンジを引き出せなければ組織の生産性は上がりません。

「権限委譲」という言葉を好んで使う管理職は多いのですが、思い切って権限を与えるだけでなく、経験の浅い部下には成果創出の要諦を明示し、留意点を語るくらいのフォローがないと、残念な結果に終わる可能性が高まります。

このとき、部下に高い期待をかけるのは上司として当然のことですが、**いざとなったら代わりに成し遂げる〝覚悟〟も必要**です。〝権限委譲〟と〝期待〟だけでは、単なる「運任せのマネジメントだ」と上司から評価されることになります。

「指揮／指導」（Direct）では、適切な意思決定・進捗管理をするために、現場情報の収集や事実を把握することが重要となりますが、合わせて部下の行動や思考・感情のパターンを見極めたいところです。

例えば、会社方針で顧客志向を強調するあまり、過剰サービスが恒常化していたり、失敗していないからといって従来のやり方に固執しているとすれば**救出・脱出をはかるのは上司**でなければできません。そして、部下たちの活動ぶりから着地見通しを常にモニタリングすることが求められます。

「統制／結果分析」（Control）で気をつけたいのは、課長自身も含めて他責を排除するスタンスです。「事業環境がよくない」「取引先の動きが鈍い」「経験不足の若手中心では明らかに戦力が劣る」等々、言い出せばキリがありません。

管理職に求められるのは、所与の条件から真の成功要因を見いだし、ボトルネックを探求する志向であり、それがない管理職は情報感度が鈍く、資料の中身より体裁を気にするような傾向があるように思えます。

そして、最終結果が出た際に、「**部下と自分は何を学んだか**」としっかり内省（結果分析）している管理職が、安定した、再現性のある成績を上げているのです。

「部門内調整／部門間調整」（Coordinate） は、管理職に昇進してからもっとも煩わしい仕事だという感想を聞くことが多いものです。

しかし、利害関係者との間に基本的な信頼関係なくしてよいマネジメントなどできるはずはありません。

部内であれば、組織目標に取り組む意味と部下への期待と役割を熱く語り、部門間であれば、「お互い協力して頑張ろう！」という**共通の目標を明確にし、相手部門の仕事内容や取り組みに興味を持ち、自部門の重点課題を積極的に発信**しましょう。

こういう努力なしに、ギブ・アンド・テイクの関係だけで調整できるものではないからです。

3 課長の全タスクを洗い出す

組織の責任者に就任したら、まずタスクの洗い出しと年間カレンダーの作成をお勧めしています。

一般社員から課長に昇進・昇格する際、所属していた組織でそのまま責任者になるのと、別の組織への異動を伴って就任する２つのパターンがありますが、大半は前者の内部昇格ではないでしょうか。

プレイングマネージャーの課長は、これまでプレイヤーとして活躍していたタスクを継続して行い、慣れ親しんだ分かり合えている（はずの）メンバーと一緒に仕事をするため、課長としてやるべきタスクを安易に考えてしまう傾向があります。

課長になる前からマネジメント業務を経験させてもらえる機会は限られるので、改めて課長の業務を棚卸しましょう。

課長業務を棚卸する視点

まず課長業務を網羅的に書き出してみましょう。その際、次のような5つの視点で検討すると漏れがありません。

1つ目の視点は、**業務のタイプ**です。

営業であれば受注活動に代表される「主業務」。部下や予算などヒト・モノ・カネを扱う「管理業務」。プロジェクトやタスクフォースなどにアサインされているのであれば、その会議体への参加にかかる「プロジェクト業務」。経費精算や報告書作りなどの「その他間接業務」です。

2つ目の視点は、**仕事のフェーズ**です。

いわゆるPDCA（Plan-Do-Check-Action）でタスクを書き出します。

例えばPlan（計画）の項目であれば、「上位方針・目標の理解・翻訳」「自チームの方針・目標の作成」「自チームの戦略・実行計画の作成」「自チーム内の部下の役割分担」「部下1人ひとりの目標設定」「各部下の行動計画の作成」などが考えられます。

Do（実行）であれば、「部下への指示／実行の支援」「部下からの報告の確認・チェック／指示」「部下の活動上の課題把握」「その課題解決のサポート」といったところでしょうか。

Check（評価）になると、「自チームの成果（途中経過含む）の確認」「目標達成／未達（見込み）の分析」「未達成の場合の課題分析」でしょう。

Action（対応）であれば、「（目標達成の場合）次のチャレンジテーマ／重点テーマの設定」「（未達成の場合）対応・改善策の作成／個人目標・行動計画の見直し」といったタスクが出てくるはずです。

３つ目の視点は、**発生サイクル**です。

こちらは「年次」「半期ごと」「四半期ごと」「月次」「週次」「日次」という観点があれば、年度末に毎年慌てて足りない数字作りで無茶をしなくて済むかもしれませんし、四半期ごとの業績分析作業を計画的に進められるでしょう。

特に半年に一度の人事評価や部下面談などは、仕事のフェーズとして捉えると、人事評価サイクルがＰＤＣＡそのものですが、発生する作業が期初期末などに集中するので、注意が必要です。

また、「仕事のフェーズ」「発生サイクル」に出てこない甚大な影響がある顧客クレームやトラブルなどの「イレギュラー業務」も発生確率の高い時期を想定するのが肝要です。

4つ目の視点は、**細分化タスク**です。

例えば営業部門などで、大型の受注案件に関わる場合などでは「事前準備」「本番」「事後対応／フォロー」というステップが考えられ、担当者を巻き込んだ多様なタスクが想定されます。

5つ目の視点は、**発生場面**です。

これは様々な場面が考えられますが、例えば「会議」であれば事前資料の作成や会議後の対応があります。

「メール／電話」の対応はオフィスで働く人の労働時間の24％を占めているそうです。「資料作成／集計」も部下に任せられればいいのですが、機密資料の取り扱い項目の多い課長は多くの時間を割いているでしょう。

「移動」などは営業関係者に関わらず発生すると時間がとられてしまいます。

労働時間の把握と年間スケジューリング

こうした視点で作業すれば、マネジメント業務だけでなく、プレイヤーとしての業務もすべて棚卸ができます。

その上でやっていただきたいのは、それぞれの業務にどれくらいの工数（労働時間）が必要なのかという見積もりです。

多くの企業で試行錯誤している働き方改革の中で、「労働時間の削減」という目標に対して、最も遅れをとっているのは、課長です。

「時間管理から解放されている」といえば聞こえがいいですが、**何時間働いても労働時間をカウントされないのが管理職**です。

部下とほぼ同じボリュームの仕事を抱えながら組織マネジメントをしなければならない課長の多くは、自身の労働時間の削減を諦めているように思える節があります。

部下の労働時間は管理しないといけないが、自身の労働時間には制限がありません。さっさと成果を上げて、とっとと帰るか、成果が出るまで頑張るかしかないわけですが、前者のような課長はお目にかかったことがありません。

だからこそ、課長自身がお手本となるような「労働時間の使い方」を身をもって実践することが今どきの課長に求められているのです。

タスクを網羅し、タスクごとの工数（標準労働時間）を設定したら、月別の自身および自組織のタイム・バジェット（時間予算）を組み、業務の効率化を進めましょう。

大括りのタスクは年間カレンダーに落とし込んで、季節ごとの業務の繁閑を想定しながら労働生産性の向上をはかるのです。

4

課長に必須のスキルと行動

社員を管理職に任命する際に、上司（会社）が、絶対外せないスキルがあります。それは**「判断力」**です。

一般社員は、上司が判断するための材料を提供するのが仕事でしたが、課長は逆に、部下から寄せられた情報にもとづいて判断することが仕事です。

新任課長であれば「自分には、管理職として適切な判断ができるだろうか」と不安がよぎるかもしれませんが心配はいりません。

複雑化・高度化しているマネジメント環境で常に最適な判断は求められても、そう簡単にできるものではありませんし、経営者だって迷いながら判断しているものだからです。

当社の管理職に必要なスキル・行動は会社が既に設定しているはず

課長になって最初に確認したいことは、自社の人事評価制度で設定されているスキル（能力、コンピテンシー）です。

人事制度をきちんと策定している企業であれば、必ず「わが社の管理職にどんなマネジメントスキルを求めるべきか」ということが定義されているはずです。

多くは人事コンサルタントが持ってきたひな形を自社用にカスタマイズしたか、優秀な人事部員が調査して設定したものです。

ただ、ここから先、あなたにしていただきたいのは、会社で設定されたスキル項目を独自に調査・検索して、具体的にどんな行動や能力を発揮すればいいのかを自分なりに事例収集することです。

例えば「リーダーシップ」という項目は中堅社員くらいから管理職（役員）になっても求められている定番です。

主任に求められるリーダーシップが「自組織の方針を理解し、若手社員など周囲のメンバーに周知し、働きかける」という上司や会社の意向をメンバーに浸透させる行為だとします。

それが課長になると「自組織の目標・ビジョンを明示し、リーダーとしての責任を負い、権限を使って自組織のモラルや生産性を上げる」という組織の方向性を示し、成果にコミットする要素が入ってくるのかもしれません。

６つのディメンションを自社の能力基準に当てはめる

課長になってすぐに人事評価項目を確認すべき理由は、そのスキルを発揮していると分かれば、直接成績に結びつくからです。

もしも「わが社の人事評価は結果主義で、スキル・能力評価項目は、誰も関心を示しません」という自社のマネジメント評価項目に不信感を持っているなら、次の視点で自社で設定されている評価項目との関連性を確認するか、改めて身につけるべきスキルとして調べてください。

「戦略・計画策定スキル」

自組織の戦略を立てるには、会社の中期計画・戦略を踏まえて、自組織内部・外部の環境を分析し、組織内のリソース、競合の戦い方を考えるスキルが必要となります。

「業務遂行（PDCA）スキル」

どのマネジメント本にも「PDCAサイクルを回そう！」とありますが、それだけやりっぱなし（PとDばかりでCとDがない）になっているケースが多いからです。計画・実行した施策を検証し、次につなげる活動をしっかりと続けることは重要です。

「プレゼンテーションスキル」

多くの企業では、一般社員を「育成」対象としているので、上司は部下の働きぶりをしっかりと見ながら、強み弱みを見極め、育成することが求められます。ところが管理職（専門職）は、「育まれたスキルで成果創出に専念」してもらう対象なので、「必要だと思う能力開発は自分でやってくれ」というのが会社の基本スタンスです。そのため、自分の実力は社内外を問わずうまくアピールしないと、成果も評価も上がりません。

「誰かが見てくれているだろう」というマインドは管理職になったら通用しないことを理解し、プレゼンテーションスキルを磨きましょう。

「意思決定スキル（判断力）」

「判断力」は管理職にとって最も大切なスキルと前述しましたが、足切りのスキルであると同時に、すべてのスキル・知識・経験を駆使して意思決定するという意味において、課長登用後も継続して高めていかなければならない項目です。

ポイントは**意思決定が及ぶ時間的な長さをどこまで考えられるか**です。

例えば、この瞬間の商談で受注さえできれば、後はどうなってもいいのか。1年後の再注文を想定して値引き要求に応じるのか。あるいは、3年後の買い換えまで考えた交渉をすべきなのか、といった具合です。

職位が上がれば上がるほどこの時間の考え方は中・長期になります。

「人材マネジメントスキル」

詳しくは第4章に譲りますが、目的は〝組織の労働生産性の向上〟です。世間の働き方改革も単なる「残業削減の連呼」から「時間当たり生産性の向上」が謳われるようになってきました。組織に課せられる目標は年々レベルアップするのに、人員は簡単に増やしてもらえません。少なくとも個々の部下のパフォーマンスが継続的に上昇するように、中期的視点で人材開発を進めなくては組織が回らなくなるか、責任者の更迭が待っています。

「コミュニケーションスキル」

部下育成や上司とのやりとりはもちろん、部門間や協力会社との連携等々は、マネジメントを進めていく上で必須のアイテムです。

私がまだ駆け出しのコンサルタントだったころ、上司の補佐で参加した会合で「それはコミュニケーションの問題であって、本質的な問題ではない」と発言する方がいました。私の上司はすかさず「コミュニケーションこそが本質です。お互いがきちんと伝え、きちんと理解できなければどんな問題も解決しません」と発言し、他の参加者は「確かにそうだな」とうなずき静まり返るという状況がありました。

利害関係者が格段に増える管理職が「コミュニケーション下手」を自認するようでは先が見えています。どんな相手ともＷＩＮ－ＷＩＮな関係となるよう志向するスタンスこそがコミュニケーションスキルを高める早道です。

5　1人ひとりの部下を知る

課長に就任して、ただちに手をつけておきたいことの1つは、部下1人ひとりがどんな人物であるかを把握することです。

異動や転職を機に管理職ポストに就いた方はもちろん、内部昇進で課長になった方も同様です。

これまで「同僚」として仲よく同等関係でつき合ってくれていた人でも、一方が昇進して「上司」となったら、上下関係になり、お互いがこれまでと同じようなつき合い方、接し方ではなくなります。

部下を知るといったときに、「ストレスに強いのか弱いのか」、「得意・不得意分野は何か」という点で考えるのが一般的ですが、次のような別の切り口でも部下を知るようにするとよいでしょう。

部下を知る手がかり① 『働き甲斐』がどこにあるのか

「キャリア・アンカー」という考え方があります。

船は錨《いかり》をおろすと船体が安定し、嵐に遭遇しても港に留まります。これと同じように仕事人生においての錨、つまり「キャリア・アンカー」（仕事をする上での価値観）が把握できれば、上司として部下への適切な接し方のヒントになるはずだ、という考え方です。

キャリア・アンカーには、8つのタイプがあります。

1つ目は、**「専門・職能タイプ」**です。

関心のある専門分野で、その専門性が評価されるような仕事をしていきたいと考えている人は、その領域での知識・スキル・経験が獲得できる職場が理想です。「○○のことなら○○さんに聞けばいい」と認められることでモチベーションが上がります。

このタイプの社員にとって価値があるのが、プロフェッショナルな同僚からの高い評価です。

２つ目は、**「管理・能力タイプ」**です。

いわゆる出世志向のタイプで、真の「組織人」ともいえます。できるだけ上位の役職位に就いて、業績を上げ、組織に貢献したいと考えています。責任の重い役割を望み、リーダーシップを発揮できる機会、所属組織の成功に貢献できる機会を求めています。

３つ目は、**「自律・独立タイプ」**です。

自分のペースで仕事を進めることにこだわるタイプで、やり方が決まっている仕事や一定の枠組みに縛られることを嫌います。組織の決めた目標や方針に同意しても、目標設定後は自分に任せてほしいと思っています。細かく管理したい課長とはぶつかりそうです。

４つ目は、**「保障・安定タイプ」**です。

安全で確実と感じられる働き方を求めるタイプで、終身雇用・年功序列を強く望み、様々な経験を積むよりは、慣れた仕事、慣れた職場で安定的に働きたいと思っています。始めと終わりが明確なパターン化された仕事がやりやすいと考えています。保障・安定を確保するために会社や組織に対する忠誠心は高い傾向があります。

５つ目は、**「起業・創造タイプ」**です。

多少のリスクはあってもチャンスがあれば自分で事業を起こしたいと考えているタイプで、会社の中であればプロジェクトを立ち上げたり、新規事業を担当するなど自分で何かを創り上げることにモチベーションが刺激されます。

６つ目は、**「奉仕・社会貢献タイプ」**です。

何らかの形で世の中をもっとよくしたいという欲求が強いタイプです。誰かのため、何かのために役立っていることが実感できる仕事に就きたいと思っています。就いた仕事が顧客や関係者のためになっていたり、社会のためになっていると感じることができると充実感を得られます。

７つ目は、**「純粋な挑戦タイプ」**です。

他の人ができないかもしれない難しいことにチャレンジしたいタイプで、手ごわい競争相手に勝ったり、新しい方法や新しい商品開発に取り組むなど難しい課題に挑むことを志向しています。

ただし完成したら興味が薄れ、メンテナンスすることに関心が向かないこともあるので注意が必要です。こういう部下は上司にとっては頼もしい反面、上司がこのタイプだと部下が大変なのはいうまでもありません。

最後は、**「ワーク・ライフバランス タイプ」**です。

仕事とプライベートの両立に重きを置くタイプで、個人の趣味や家族との時間も大切にしたいと思っています。プライベートを犠牲にしてまで今の仕事を続けたくはないが、バランスを保ちたいという志向のため、組織の要請に対しての柔軟性はあります。

インターネットで「キャリア・アンカー診断」と検索すると、自己診断ができるツールがあるので、関心のある方はご自身でやってみてはいかがでしょうか。

部下を知る手がかり②　『成熟度』はどのレベルにあるのか

「SL理論（Situational Leadership）」という考え方もあります。

部下の状況に応じて関わり方を変えるべきとする理論で、**「能力と意欲」の成熟度を４段階で分類し、リーダーシップのとり方**を解説しています。

最も低いレベル1の部下は、**能力、意欲ともに低い状態の「未成熟な部下」**として、積極的な**「指示型」**（スタイル1）のリーダーシップの発揮を解いています。

このタイプには仕事の進め方や到達目標を明確に伝え、その進捗を管理することが重要なポイントといえます。

レベル2は、**能力はまだ低いが、意欲が高い状態の「熱心な初級者」**としています。新卒であれ、中途であれ大抵の新人は、自身のスキルの低さ、経験の浅さを意欲で何とか埋めようと頑張るのが普通でしょう。

このタイプには、リーダーの考え方を説明し、部下からの疑問に応え、部下の主体性をできるだけ尊重するような**「説得・指導型」**（スタイル2）で接するようにします。

レベル3は、**能力は高いが、意欲が低い（ムラがある）状態の「迷える中級者」**としており、能力のレベルは一定水準に達していても、経験不足や慣れなどの原因で意欲が低く、自発的・積極的な行動がとりにくい状態といえます。

このタイプは、多少のムラがあっても、一定のスキルがあるのだから、部下を認めて意見を聞き、部下が問題解決や意思決定できるよう一緒に考えるなどの**「支援型」**（スタイル３）が求められます。

レベル４は、**能力が高く、意欲も高い「上級者」**です。

このレベルまできている部下は、恐らく次の課長候補者といえる存在かもしれません。能力とともに意欲が高い理由の１つとして、成長を実感し、昇進・昇格が近づいている自覚もあることでしょう。

多くの課長はほとんど丸投げ状態で本人任せにしても問題はないと思われます。ただこのレベルの対応でも「放任」ではなく、**「委任型」**（スタイル４）であり、報告・連絡・相談を求めることは忘れてはなりません。

6 上司を知る

管理職になったら、利害関係者が増えますが、一番大事な存在であるにも関わらずついつい甘え、疎かにしがちなのが、上司です。

改めて「上司」という存在を冷静に、客観的に捉え、協働するマネジメント・チームの仲間（支援者）になってもらえるように、大事なことを確認していきましょう。

「上司」の5つの機能と力量を確認する

企業研修などでグループワークをすると、ひどい上司に対する愚痴が出てくることがあります。しかしどんな上司であっても、会社から組織の責任者として選ばれた人です。次の5つの機能があることを改めて理解しておきましょう。

1つ目は、**「承認者」**という機能です。

課長に就任すると、課の業績責任を負わされることになりますが、その責任に見合った「権限」が自動的に付与されるわけではありません。

細かい事務手続き的なことは完全に任されるでしょうが、課にとって大事なことは、上司の承認が必要となるはずです

そして成果を上げ、貢献度や仕事の進め方などが確認・評価されて、一定の実績ポイントが貯まったところで、実質的な権限移譲がなされるのです。

2つ目は**「評価者」**という機能です。

評価には2種類があります。給与・賞与などの処遇を決める単年度の成績表である「人事評価」と、昇進・昇格や異動、配置、育成の際などに使われる重要参考データとして中期的な観点から見る評価です。

管理職になると単年度の人事評価は「成果（結果）」に比重を置いている制度運用をとられているケースが多数派ですが、「次の責任者ポストを誰にするか」という組織戦略の重要事項を決定するためには、日常のマネジメントぶりが決め手となるのはいうまでもありません。

正式な任免権者はさらに上の事業部長かもしれませんが、日常の活動を見ている一次

評価者である部長の強力な（確かなエビデンスを備えた）推薦なくして出世はあり得ません。

３つ目は、**「マネジメントの師匠」**という機能です。

「いやいや、うちの部長は決してお世辞にもお手本になるような人ではありません」という声が聞こえてきそうですが、あなたも上司という立場になって、一般社員時代に見えていなかった世界が見えてきたように、さらに上の世界（階層）にも、見えないルールや情報があるのです。

師匠と仰ぐのか、反面教師と考えるのかに関わらず、上司のマネジメントぶりを身近で確認できる貴重な機会を逃してはなりません。

４つ目は、**「人脈紹介者」**という機能です。

マネジメント活動を進めていくうえで必要な人脈を積極的に紹介してくれうる存在です。上の階層になるほど、社内人脈が豊富なのはいうまでもありませんが、気をつけなければならないのは、上司に信頼されなければ紹介はおぼつかないということです。

そもそも「人脈紹介」という行為は、紹介者の信用力で成り立っています。いくら直属の上司とはいえ、信頼できない部下を安易に紹介してしまっては、**紹介者自身の信用**に傷がつく可能性を危惧するのです。

５つ目は、**「トラブルシューター」**という機能です。

管理職手前層の社員研修で受講者に対して「上司に求める最も重要な機能は？」という質問をすると「自分の手に負えないトラブルを処理すること」がダントツトップの回答になっています。

管理職になったら、どれだけの仕事を部下に任せることができるかが大きな課題となりますが、任せた仕事の尻ぬぐいは上司の仕事です。

上司が出て行って一緒に謝るだけで、顧客の期限が直ることもあります（理不尽なクレームほどその傾向があります）。

ただし、上司には普段から報連相をしっかりやっていないと、「そんなの聞いてない」と協力してもらえないこともあるので、人間関係には気をつけておきましょう。

管理職になったら、上司に確認すべき4つのこと

新任課長であれ、ベテラン課長であれ、新しく組織の責任者に就任したら、直属の上司に確認すべきことが4つあります。

まず1つ目は、就任した「**組織の現状認識**」を共有することです。

「**新しい組織の立ち上げ期**」であれば、多くの権限が委譲されて、最初から自分のやり方で進めることが可能でしょうし、新しいことにチャレンジする部下たちに向けた動機づけもやりやすいでしょう。ただ、事業が軌道に乗るまで経営リソース不足は否めません。

「**業績が順調に推移している中でのバトンタッチ**」であれば、業績は順調な分、部下たちの油断が懸念され、様々な改革の反対に遇う可能性が高いはずです。

「**これまで順調だった業績が、うまく行かず軌道修正が必要な時期**」であれば、これまでのやり方を肯定しつつ、状況を調査・分析し、軌道修正の根拠を周囲に伝えなければならないでしょう。

「**軌道修正どころか、方針を大転換して組織を立て直す**」状況であれば、業績低下とともにモチベーションが下がり気味の部下たちに喝を入れ、抜本的な改革を推進するため

の大胆な行動が求められます。

最初に現状認識を共有する目的は、**上司に支援してもらう内容を共有（依頼）すること**にあります。これらの把握が後手に回ってしまうと、新組織長に就任したあなたの初期設定は完了せず、いたずらに時間の浪費をすることになります。


２つ目の確認事項は、**「上司の期待値」**です。

「年度の組織目標を達成すること」という直属上司の簡単すぎる期待のコメントで終わらせてはなりません。

先に述べた「組織の現状認識」の状況によって打つべき施策が違ってきますし、部門のリソース配分も考えていく必要があるかもしれません。

業績が大きく低下している局面で抜本的な組織改革・意識改革、方針転換が求められている中で、もし他の課と同じように「一律前年10％アップ」と機械的に押しつけられたら、初年度から目標未達という評価がなされる可能性があります。

組織の状況を共有し、それに合った期待に上司を誘導することが大切です。

３つ目は、**「経営リソース」**がどこまで確保できるのかという確認です。

与えられたミッションを遂行するにあたり、十分な人材が確保され、潤沢な予算が用意される状況などそうありません。現状認識とそれに伴った上司の期待で合意が得られてはじめて、有効な話し合いのテーブルにつけます。

ここで重要なのは、**中長期的、上位組織（部長が相手なら部）への貢献**という視点と**上司の関心事が何なのか**という観点から臨む必要があります。

限られた経営リソースを日頃の良好な人間関係的な根回しでまわしていけるほど甘い世界ではないのです。

4つ目に確認しておきたいことは、上司の**「マネジメントスタイル」**です。

新しく組織を任されることになったあなたは、できるだけ早い段階で「新任」の看板を外し、真の管理職グループの一員として認められたいと思っているはずです。であれば、その実力を認めてもらいやすい立ち振る舞いやアピールをしなければなりません。

大抵の上司は、成功事例とともに何らかの確立されたスタイルを持っていると思って間違いありません。「こと細かく口出ししたい」タイプなのか、「報告はメールだけでいい人」なのか、「労働生産性にこだわる」人なのか、「分析データ至上主義」なのか等々。

「課の責任者になったのだから、やり方は任せてほしい」と言いたい気持ちはよく分かりますが、そこにこだわると結果はともかくとして、**マネジメントプロセスは評価されにくくなるばかりか、とりつけたはずの協力体制が実行されない可能性**すらあります。

上司のマネジメントスタイルを見極め、それに対応しながら成果を出していくことで、実質的な権限委譲がなされていくのです。

7 組織の現状を診断する

新組織に着任して、すぐにとりかからなければならない項目の1つは、組織がどういう状況かを診断することです。

通常は、前任者や上司からの引き継ぎがあるはずですが、中には不祥事などで前任者が更迭されたり、退職していたり、ネガティブな要因がからんでいる場合は、まともな引き継ぎがないままに、あなたの管理職キャリアがスタートする可能性があります。

ただいえることは、「そういう厳しい状態でも何とかやってくれるだろう」という会社（上司）の期待があって、あなたが選ばれたということです。

つまり、**困難な状況からの船出は大変ではありますが、高評価が得られるチャンスともいえる**のです。

組織の現状を診断することは、前節の「上司を知る」と連動しています。

つまり上司と問題認識を共有することと、支援をとりつけやすくすることで、難しい状況でも孤立しないような体制にすることが重要だからです。

「立ち上げ期」の課題と対応のヒント

ゼロから組織を立ち上げたり、まったく新しい商品や事業を手がけるなど、一見大変そうなイメージがありますが、いきなり自分流の組織運営ができるチャンスでもあります。

この状況での課題は、**多くの自由裁量が与えられる分、言い訳が効きにくくなる**というものです。

部下のモチベーションも比較的高く、やる気に満ちていることでしょう。様々なタスクが発生するため、あなたは**部下に対してもある程度の権限委譲をしなければ仕事が回らない**はずです。

守るべきものがあまりないので、完全に情報を把握していなくても、**即座に行動に移して強い指導力を発揮したい**ところです。

ただ、気をつけないといけないのは、そういう「イケイケどんどん」的な組織風土になるとメンバーが暴走して、方向感なく突き進むリスクです。この場合は、「やることリスト」よりむしろ**「やってはいけないリスト」**で管理することが重要になるでしょう。

「業績が順調に推移している中でのバトンタッチ」の課題とヒント

この状況で就任するのは、必ずしもラッキーとはいえません。

順調な業績を維持することが前提となり、さらなる発展が期待されているからです。20点だったものを50点にするのはそれほど難しくはありませんが、すでに80点のものを90点にするにはかなりの努力が必要となります。

ただ、「立ち上げ期」と違い、ある程度のことがルーチンで回っているので、**学習する時間が確保できるというメリットがあります**。部下を知り、上司を知り、ビジネス環境を知ることに時間をかけることが可能です。

部下たちは一定の成果を上げてきたことで、自信を持っている反面、「このままではいけない」というリーダーの危機感に対してネガティブな反応をすることが少なくありません。組織と個人がさらなる高みに向かうには、**慢心せず継続的な「変革」の必要性を理解させるのが課長の役割**です。

「軌道修正が必要な時期」の課題とヒント

これまでそれなりに業績が安定していたが、最近になって目標未達が続いていたり、達成してもギリギリ、カツカツな状況というのは、多くの組織が抱えている課題ではないでしょうか。

そんな状態の組織にリリーフ登板するあなたは、まず**「これまでうまくいっていた成功要因は何で、今なぜうまくいっていないのか」**を調査・分析することが最優先事項です。

その上で、経営リソースの再配分を検討することになるかもしれません。力を入れていた主力商品を変更したり、大口顧客担当のベテラン営業マンを変えることも必要かもしれません。部下からは「自分は実績を落としていない」と組織の軌道修正に反抗することも想定されます。

部下たちの抵抗は「業績順調期」ほどではないにしても、課長が**「軌道修正」の根拠と必要性を説き、ときには自身が率先して態度で示し、周囲のメンバーとコンセンサスをとらなければなりません。**

「方針転換／立て直し」の課題とヒント

このフェーズは、先に述べた「軌道修正」がうまくできなかった結果として、方針転換や組織の立て直しをしなければならなくなった状況です。

組織がピンチに陥っている中での就任ですから、**ビジネスの状況（戦略、市場、技術、商品など）の診断・把握が欠かせません。**

ただし、「業績が順調に推移している中でのバトンタッチ」で述べたように、学習するだけの十分な時間的余裕がないのが難点です。**素早く診断し、十分でない情報の中から課題を見極め、積極果敢に打って出る行動力**が必要となるはずです。

軌道修正が遅れたことで一定の危機感が部下たちにはあるかもしれませんが、状況によってはやる気を失っている可能性もあります。

部下たちを鼓舞し、この局面を乗り越えることができたら組織の成長と高評価が待っていることを伝える必要があるでしょう。

8 社内のネットワークを作り始める

初めて管理職になったときに最も気をつかうのは、直属の上司と部下の上下関係でしょう。しかしそれだけでは足りません。

同じ部門の先輩課長や、斜め上にあたる隣の部門長、支援部隊など関連する組織など、見落としがちな「横の関係」をしっかり意識したいところです。

組織の幹部同士としての関係構築

同じ部門内に一度に複数の新しい課長が誕生することはまずありません。ということは部門長があなたにどれほど期待をかけているかに関わらず、所属する部門の中では末席に位置する立場です。

ですが、会社から求められる成果は、（前任者からの引き継ぎも含めて）他の課長と何ら変わりません。むしろライバル関係にあるといっても過言ではないでしょう。

新しく加わった新人課長に対しては「ようこそ、わが部のマネジメントチームへ！」と歓迎されるよりも、**「お手並み拝見」モード**になっているはずです。

そこで、心しておきたいのは、これまでの成果はどうであれ、小さな組織の責任者として何とかマネジメントサイクルを回してきた先輩に配慮するスタンスです。敵側に回ってしまうとやっかいだからです。

先輩課長に対して気をつけておきたいことは、次の４つです。

①基本的な信頼関係を築けるように日常の言動に注意する
②所属部門の基本方針の推進にあたっては、先輩課長に相談する
③先輩課長の組織の状況に関心を持ち、協力を申し出る
④共有すべき部門の方針の推進にあたっては、積極的な情報発信をする

新任か否かに関わらず、このような言動の課長なら「足を引っ張ろう」と悪意のある行為に及ぶことなどないでしょう。

フォーマル・インフォーマル組織のキーパーソンとの関係構築

組織マネジメントを推進していく上で、キーパーソンになる人が誰なのかは、仕事を進めていく中で自然と見えてくるものです。課長になったら、可能な限り早い段階から把握しておきたいものです。

社内の他部署はもちろんですが、顧客や取引先、協力会社などの中にもあなたを支援してくれる存在がいるはずですので、社外にも目を向けましょう。

前述の「上司を知る」４つ目の機能『人脈紹介者』でもお話ししましたが、ネットワーク作りで最も頼れるのは上司であることに間違いはありません。就任早々に人脈化したほうがいい候補者リストの作成をお願いするとよいでしょう。

また、必ずしも組織図に掲載されている権限のある組織の長がキーパーソンとは限りません。

インフォーマルなネットワークの存在を活用したいところです。

インフォーマル・ネットワークのキーパーソンを見つけ出す手がかりはいくつかあります。

例えば、**何か問題が起きたときにみんなが相談に行く専門家**は誰でしょうか。**ミーティングの席上で交わされる会話で特定の人物の名前**があがらないでしょうか。

また、**誰と誰がつながっているか**にも注意を払います。例えば、信頼しているAさんが**困ったときに相談に行くのは誰**でしょうか。

あるいは、経営幹部などの社内VIPから目をかけられている人は誰でしょうか。そしてその理由はわかりますか。

いずれにしても**キーパーソンには早めに接触しておきたい**ところです。事が起きてから慌てて、上司から紹介されても初対面ではなかなか頼みづらいこともありますし、相手も突然のことでは不安に思うからです。

9 リーダーシップを忘れてはいけない

課長は会社から与えられた組織をマネジメントする立場の人です。そして同時にリーダーシップの発揮が求められます。では、マネジメントとリーダーシップの違いとは何でしょうか?

会社から与えられた正式な「権限」を背景にして部下を動かすことがマネジメント（の一部）です。また、**正式な権限がなくても、「あの人が言うのであればやってみよう」と思わせることができる「影響力」のことをリーダーシップ**といいます。

権限に頼りすぎてはいけない

あなたが一般社員のときは、後輩や周囲の人を動かすのにはそれなりに苦労があったことでしょう。

でもこれからは、あまり苦労せずに人を動かすことができます。正式な権限を持ったからです。でも正式な権限を背景に指示を出したからといって、思うように部下が動いてくれるとは限りません。

以前のあなたがそうであった（かもしれない）ように、信頼できない上司からの指示に素直に従う部下はあまりいないからです。

表面的には従うフリをしていたとしても「すみません、それなりに頑張ったつもりですが至りませんでした」という決まり文句だったり、「こんな上司の言うこと聞いてられるか！」という心の叫びだったりするのではないでしょうか。

課長の権限を振りかざすだけでは、部下はついてきません。つまり、純粋なリーダーシップの発揮を疎かにしてはいけないということです。

課長のリーダーシップは上司と部下の信頼関係

ではリーダーシップはどのように身につけ、発揮するのでしょうか。

それは、ごくごく当たり前のことを続けていくことに他なりません。

あえて一言でいうならば、「信頼関係の構築」です。

あなたが思う信頼できる人とはどんな方でしょうか。

コミュニケーション能力に長けていて、論理的思考力が高く、戦略的な考え方ができるに越したことはありませんが、実際は「**軸がブレないで、基本的姿勢が一貫している（言行一致）**」人ではないでしょうか。そしてここぞというときに、**率先垂範して行動することができる**人ではないでしょうか。また組織の責任者であれば、状況に応じた的確な判断をしてくれる人ではないでしょうか。

以前、政府系組織の管理職研修をした際に、マネジメントとリーダーシップの違いを解説したら、受講者から次のようなコメントをいただきました。

「リーダーシップは、国民を一定の方向に向かせて勇気づけしていく政治家が発揮すべき能力ですね。一方でマネジメントは、政治家が決めた法律が機能するように粛々と仕組み化していく官僚が発揮すべき行動ですね」。

部下のモチベーションに火をつけ、成果を上げ続けることが使命の課長には、政治家と官僚の両方の機能が求められています。

■第1章 まとめ

・課長には「成果」「育成」「変革」の3つの責任がある
・マネジメントとは「目標設定／計画策定」「役割提示／組織化」「指揮／指導」「統制／結果分析」「部門内調整／部門間調整」の5つのこと
・最初に、課長の仕事を洗い出し、年間スケジュールを作り、タスクごとの標準時間を設定する
・課長に必要なスキルは人事評価項目になっており、最も重要なのは「判断力」
・部下を知る手がかりは「働き甲斐」（キャリア・アンカー）と「成熟度」
・上司には「承認者」「評価者」「師匠」「紹介者」「トラブルシューター」という5つの機能があるのを忘れない
・上司には「組織の現状認識」「上司の期待値」「経営リソース」「マネジメントスタイル」を確認する
・組織の現状は、「立ち上げ期」か「業績が順調に推移している中でのバトンタッチ」か「軌道修正が必要な時期」か「方針転換／立て直し」なのかによってマネジメントが異なる

・新人課長は「お手並み拝見モード」で先輩課長から見られている
・インフォーマル組織のキーパーソンを早めに見極める
・課長は権限でなくリーダーシップで部下を動かそう

第2章

課長の
マインドセット

1

ブレない「軸」を持つ

はじめに、会社のミッション・ビジョン・戦略ありき

第1章で「課長は〝課〟の経営者である」といいました。

会社組織の最小単位であるとはいえ、組織運営に関わる責任と権限を与えられ、一国一城の主として存分に腕を振るうことが期待されています。

ですが同時に、〝課〟は会社の中では末端の少数組織であり、課長は会社の一社員でもあります。**組織目標のもとになっている会社のミッション、ビジョン、戦略に対する深い理解が必要**です。

会社経営の最上位にある概念は**ミッション**です。日本語では「使命」で、「(命を使って)**自分の会社が社会の中で果たすべき役割**」といえるでしょう。

このミッションを実現すべく中長期的に「こうありたいと思う姿」がビジョンであり、**そのビジョンを実現するために描くストーリーが「戦略」**です。

第1章4節「課長に必須のスキルや行動」の中で課長にとって最も外せない重要な能力は「判断力」だとお伝えしました。

もちろんあなたも、「間違った判断をしない社員だ」と評価されて課長になったはずです。しかし、これだけ複雑化・高度化し、目まぐるしく変わる事業環境で間違わない判断をし続けるのは困難です。

だからこそ、ミッション、ビジョンが必要となるのです。

もしあなたが何か重大な意思決定をしないといけない極面になったら、何を拠り所に判断するでしょうか。

まずは、上位組織の方針を考えるでしょう。それに照らしても迷うなら、全社方針を想定するでしょう。それでも判断できないなら会社のビジョンやミッションに思いを馳せることになります。

つまり、**会社のミッションやビジョンは、意思決定する立場にある管理職の判断の「最後の拠り所」**になるものなのです。

もし、あなたが新入社員研修以来、会社のミッションを気にしたことがなかったとすれば、課長に就任した今、改めてそれを深いレベルで理解し腹落ちさせてください。

○○主義を持とう

意思決定の拠り所としてもう1つ持っていただきたいのが、あなたにとっての〝○○主義〟です。〝美学〟といってもいいでしょう。

これまであなたが育ってきた環境や生き方、価値観などを振り返ったとき、組織をマネジメントするにあたって譲れない考え方です。

会社から認められて管理職になった人は、自身の〝主義〟（こだわり、軸、モットー、哲学）を持ってマネジメントすることを許された存在だからです。

会社や社会通念に反するものは許されませんが、あなたが組織運営をしていくにあたってのブレない軸をぜひ持ってください。

「うちの上司は一貫性がない」などと言われてしまう課長は、これがないからです。経営環境は日々変わりますし、それに合わせて会社の方針が変わり、朝令暮改になるのは仕方がありません。しかし**課長の哲学がないとただのメッセンジャーに成り下がってしまいます。**

2 任せ方の「型」を持つ

今、多くの課長が頭を悩ませているのは部下への仕事の任せ方です。

課長にとって部下に仕事をうまく任せる行為は、組織の労働生産性に直接関わるので、重要度が高いのですが、多くの企業が取り組んでいる「働き方改革」の影響を受けて、「部下に残業させられないので、仕事を割り振れない！」と嘆く課長が続出しています。

古くて新しいテーマですが、現代版「任せ方」の５つの基本ステップを習得してください（詳しくは拙著『最高のリーダーが実践している「任せる技術」』をご覧ください）。

【ステップ①】４つのことが見えているか

まずは、任せる仕事をどう切り出すかが最初のステップですが、任せる前に見えていないといけない項目が４つあります。

１つ目は、**「目標や成果のイメージがある程度見えている」**ことです。

上司が任せた仕事のゴールイメージを持っていないと、「丸投げ」といわれてもしかたがありません。加えて仕事の目的・目標・全体像を部下に理解させ、担当する仕事の重要性を明示し、責任感、使命感を持たせるような働きかけをすると、アウトプットのレベルが上がり、手戻りが少なくなります。

2つ目は、**「仕事の量がある程度見えている」**ことです。

仕事の量が分かっていれば、仮に部下が途中でできなくなって、仕事を引きとったとしても、終息に向けた手立てがとりやすくなります。

ただし、任せた部下の能力や使える時間によって状況が異なるので、任せる仕事の塊をある程度ブレイク・ダウンすることがポイントとなります。

3つ目は、**「難しそうな点や失敗リスクがある程度見えている」**ことです。

課長が部下に仕事を任せられない理由の多くは、「この部下にはできないのではないか」という不安によるものです。スキルが未熟なのか、知識が不足しているのか、経験が足りないのか、時間がないのか、すべてなのか。

特に確認したいのは、その仕事を遂行するために必要なスキルと任せる部下が持っているスキルが合っているのかということです。

また、任せる部下の能力・時間には限界があるということも忘れてはなりません。

ちょっと負荷をかけたいと思う部下であれば「できるまで帰るな！」と叱責して、無理やり成果を出させる方法もあると思いますが、部下をつぶしてしまっては元も子もありません。

４つ目は、**「進め方／進める際の相談相手や助けになる情報がある程度見えている」**ことです。

特に経験値が足りない若手の場合は安易にネット情報で済ませようとする傾向があるので、注意が必要です。近くに先輩社員がいれば進め方や進める際の相談相手になりますが、できれば知恵袋として協力してくれそうな他部門の社員、協力業者の社員、派遣社員等々バックアップ体制は整えておきたいところです。

【ステップ②】誰に任せるか　部下を見極める

部下のレベルを見極めずして仕事を任せることはないと思いますが、一番のポイントは、部下の「能力・経験」と「やる気」を分けて考えることです。

これは第1章5節「1人ひとりの部下を知る」で紹介したSL理論をおさらいしてください。

能力・経験レベルが低いのに「やる気があるから」と部下にとっては難し過ぎる仕事を任せてしまって失敗したり、能力・経験は高いのに本人にとって簡単すぎる仕事を任せてしまい、やる気が低下することはよくあります。

人に仕事を任せるとは、その仕事に必要な能力・経験に合った部下に任せることだという原則は忘れないようにしたいところです。

ただ、任せるという行為は、人材育成や組織の労働生産性の向上という重要な側面がありますので、職務遂行と人材育成のバランスは常に考える必要があります。

【ステップ③】「事実・データ」と「部下への想い・期待」は区別する

課長が部下に仕事を任せるときに「教育」に重きを置くと、「想いや期待」が先行しやすいので、「事実・客観的な情報」と分けて伝えることが重要です。

この2つはときとして混在することが多いため、部下にうまく伝わらないケースがよくあります。「君ならできる」「成長のチャンスだと思うよ」等々の想いが先行してしまうと、肝心の必要情報の伝達が疎かになってしまうからです。

既に分かっている「事実や客観的な情報」と、まだ分かっていない／あいまいになっていることを伝え、部下の理解を確認し、十分に認識合わせをした後に、期待の言葉をかけるようにする、という手順を間違えないようにしましょう。

【ステップ④】「仕事の状況」と「頑張り、成長、言い訳」を区分する

報告を受けるときに、任せた「仕事の状況」と部下の「頑張りや成長の状況、言い訳」は、しばしば混同されます。

「計画通りか、そうでないのか」「そうでないとしたら、何が順調でないのか」「どのようなサポートが必要か」「リカバリー後の計画はどう修正されるか」といったことと、「部下本人がいかに工夫や、努力をしてきたか」「部下に新たな能力や行動・意識が身についてきたか」などの情報が混在すると、本当に大事な「状況と問題」がはっきりしなくなってしまいます。

頑張りや成長の度合いをアピールしたくなるのもわかりますが、注意しましょう。

【ステップ⑤】「任せる」ことの終了を宣言する

「仕事は報告で完了する」のは常識ですが、部下育成のことまで考えれば、仕事の完了に加えて、たとえ簡単でも課長から**仕事ぶりのフィードバックをするまでを含めて「完了」**としたいところです。

無言なのは論外として、「ありがとう」の一言のみで終わらせて、内容や出来栄えについてフィードバックをしていないケースはとても多いようです。

「いちいち仕事が完了するごとにフィードバックするのは面倒だ。年1、2回の人事評価の実施時期にまとめてやろう」と考えてはいけません。

「部下を褒めて育てましょう」が現代の人材育成の定番です。

「任せたことの完了宣言」は部下育成の定番である「フィードバック」とセットで行うようにしましょう。

3 「知」を磨き続ける

課長になると勉強しなくなる？

企業の教育担当者の人と情報交換すると、「うちの管理職（特に課長）は勉強しないんですよ」という話をよく耳にします。

多くの企業では、課長昇進時に新任課長研修が用意されていますが、それ以降は部長に昇進するようなタイミングでしか研修は用意されていません。「セクハラ・パワハラ研修」や「コンプライアンス研修」など必要に迫られて会社が用意する研修はありますが、マネジメントを見直し、強化するような機会はほとんど設けられていません。

会社からすると、後は自分で精進してくださいといったところでしょうが、課長は会社で最も忙しい立場です。

逆に課長になるまでの社員は、育成対象ですから、階層別・スキル別の研修は豊富にとり揃えられています。

しかし実はこういう手厚い研修が仇となって、**「教育機会は会社から与えられるもの」という認識になってしまい**がちです。

実力のKPIはヘッドハンターから声がかかること

現代は、バブル期を超える空前の人手不足です。これまで定説といわれていた「35歳転職限界説」を主張する評論家はいなくなりました。専門性があれば50歳でも、60歳超でも好待遇で転職できる時代になりました。

それは特殊な専門性だけではありません。マネジメントができる人も転職市場では求められています。

先日、超大手企業の管理職研修の一コマで社長がこういう講和をされました。

「管理職の皆さんには、他社からヘッドハントされるような人材になってもらいたい。そういう話が来ても転職になびかないような会社にするのが私の仕事だ」。

この社長がおっしゃるように、他社やヘッドハンターから声がかかるというのは、「できる管理職」のＫＰＩ（key performance indicator　達成度を評価するための主要業績評価指標）といえるのです。

それに、外部から声がかかるということは、業績悪化などで会社がリストラモードに突入した際に、泥船かもしれない会社で出世を目指すか、割増の退職金をもらって新天地で力を発揮するかという有利な選択肢を持つことができます。

ＳＮＳで廉価な勉強会に参加し、社外ネットワークを築く

私はこれまで4回の転職と2回のリストラを経験して起業に至りましたが、決して転職推進派ではありません。

ただ、日々の忙しさを理由に自己啓発を怠ると、相対的に厳しい立場に追いやられる可能性が高まるのは事実です。〝管理職業界〟は社内外問わず文字通り実力の世界です。そこには現状維持という考え方はありません。

さきほどの社長講和のように、実力がついてくれば経営幹部候補ランキングが上がって、昇進確率は高まるだけでなく、好条件転職の機会も広がります。逆に、相対的にポジションが低くなれば、リストラ確率が高まり、転職市場での商品価値が下がります。

「自己啓発といっても、住宅ローンもあるし、子供の教育費は増える一方だし、自由に

使えるお金がない」と諦めないでください。

あたなは何かのSNSには参加されていますか?

本名でなくてもいいので（基本は実名ですが）、ぜひアカウントを取得してください。

例えば、フェイスブックだと、無料やお茶代程度の価格で様々な勉強会に参加できる情報に触れることができます。

また、そこに集う方々はそれぞれの分野・業界で活躍している（または活躍を目指して努力している）勉強熱心な方が多いので、貴重な社外人脈になる可能性があります。

最近ではビジネスコーチやカウンセラー、コンサルタントを副業として開業しているビジネスパーソンの方が増えてきた実感があります。

「異業種交流会」と聞くと敷居は高いと感じるかもしれませんが、SNSなどで個人募集している勉強会などは、結構狙い目です。

4 「包容力」を持つ

「これまでに自分を成長させてくれた上司はどんな方でしたか？」

研修などでこの問いをすると、おおよそ2つの回答に分かれます。

1つは、「仕事の進め方や顧客との関係性の高め方などを丁寧に教えてくれた」というパターン。もう一方は「前任者が突然辞めて、周りも上司も全く分からない状況で無茶ぶりされたが、その経験がよかった」というものです。

前者のパターンは右も左も分からない新人から3年目くらいまでの迷える初心者の頃のエピソードが多いようで、後者は一定のレベル（一人前）になってから増えてくる傾向があります。

管理職が受講者だと、「理不尽な上司ほど自身を成長させてくれた」といいます。「火の噴いているプロジェクトに放り込まれて、誰も助けてくれなくて、心が折れそうになったが、その経験が今に生きている」というような話が多く、大きな負荷がかかって乗り越えた体験が成長につながるのは間違いありません。

でも考えたいのは、そういう修羅場を同じように部下に経験させてよいのか、ということです。

今どきの上司は、優しくあるべき？

近年、多くの企業では、管理職に対するメンタルヘルスやセクハラ、パワハラ研修の実施、啓蒙活動、ストレスチェックの導入などにより精神疾患に関する認識が高まりました。

ところがそれと呼応するかのように、部下に厳しい指導ができない**表面的な優しい上司**が増えているように思えます。

ちょっと部下に厳しい対応をしたら、「パワハラではないか」といわれ、部下にどう接すればいいのか分からなくなったという相談が増えています。

また最近の「働き方改革」運動を受けて、「部下に残業させないように」との配慮から、残業のつかない課長が部下の仕事を引き受けてしまうケースも見られます。

ある企業の若手社員が「あの課長の元で働きたい」というので、なぜかと質問すると、「課長がいろいろとお膳立てしてくれて仕事が楽そうだから」という回答でした。

隣の部署からもそう見られているくらいですから、かなりなめられた状況です。

「優しさ」「厳しさ」よりも安心できる環境作り

では、ときにはパワハラまがいの厳しさを出すべきかというと、もうそういう時代ではなく、「鬼上司」で押し通すにも無理があります。

今の時代、部下にとって最もありがたい上司は、「優しさ」「厳しさ」というよりも**「いざというときに守ってくれる」人**なのです。

「この上司は我々を守ってくれる」という安心感を持たせてくれる上司の元であれば、存分に力が発揮されるというわけです。

ですから余程のことがない限り、部下の失敗をそのまま部長に報告するべきではありません。

「優しさ」と「厳しさ」の両面をあわせ持ち、部下の気持ちをしっかりと受けとめられる「包容力」のある課長が、部下の厚い信頼を集めるのです。

5 「断る論理」を持つ

課長になると利害関係者が増えて、交渉や調整の仕事が増えますが、「依頼」されることも激増します。

断れない人は〝貧乏（成績上がらず）暇なし〟課長になる

基本的に人から何かを頼まれる、頼られるというのは嬉しいことです。「頼まれたら断れないタイプなんだよね」という言葉を口にする人はいますが、そういう人でも仕事ができる人は断るのがうまいです。

断れないでついつい引き受けてしまう人は、〝貧乏暇なし〟な人で、優秀なビジネスパーソンにはあまり見当たりません。

一般社員の間は、どちらかというと評価されることのほうが多いかもしれません。

しかしレベルが上がるにつれ、頼まれる難易度が上がり、やがて自分の持ち時間（残業含む）内では処理しきれないほどの仕事量になると、「納期が守れない」「品質が確保できない」など信頼を失うことになります。

私もかつては年間５０００時間働いたことがありましたが、今考えると３０００時間以上は無駄な努力だったと理解できます。

もしあなたが、課長に昇進するまで、多くの依頼事項を器用にこなす「使い勝手」のいい部下だったとしたら、これからはマインドをリセットする必要があります。

何度もいいますが課長は会社で最も忙しい人です。安請け合いをすると自身の仕事が滞るだけでなく、その影響が当然部下にも波及し組織が破綻する危機にさらす可能性があるのです。

最大の敵は上司だが、期待も大きい

「断る力」を発揮するにあたって最も手ごわいのは上司です。

上司はあなたに期待しますが、期待が過度にならないように誘導（交渉）するスタンスが欠かせません。

もしあなたが、就任間もない課長であれば、上司の過大な期待を引き受けて、未達になるリスクを背負うより、一定の交渉でお互いが妥協した組織目標の達成を目指すべきです（そればかりだと消極的だと思われますが）。

上司とは早急に短期的・中長期的に何を期待しているのかを確認し、「どうすれば」「どうなれば」達成したといえるのかは握っておきたいところです。

その上で、報連相を小まめに行い、上司に組織の状況を認識いただくというプロセスが必要となってきます。

基本は「アサーション」という自己表現

断る力を持つというのは、単なるテクニックではなく、お互いがＷＩＮ－ＷＩＮの関係になるコミュニケーション力を持つということです。これを※**アサーション**といいます。

アサーションは「自分のことを考えるが、相手の気持ちにも配慮する自己表現」のことで、**自分も相手も大切にした自己表現**を意味します。

そして、**自分の気持ち、考え、意見などが、正直に、率直に、その場に相応しい方法**

で表現することを原則としています。

仮に、意見や考えの食い違いが起こったときは、お互いの意見を出し合って、譲ったり、譲られたりしながら、**双方にとって納得のいく結果を出そうとする**行為なのです。対上司だけでなく、部下、顧客その他利害関係者との間でアサーションな関係を築くことができれば、余計な労力を使わずに済むでしょう。

※「アサーション」「アサーティブ」でネット検索すると多くの情報がありますので、詳しくはそちらをご覧ください。
（特定非営利活動法人 アサーティブジャパン　http://www.assertive.org/）

6 「バランス」を保つ

ワーク・ライフ・バランス、ダイバーシティ・マネジメント（社員の多様性を考慮したマネジメント）、働き方改革と、この10年くらいの間に、会社と社員の意向を調整しようという動きが活発化しています。

しかし、これは主に課長昇進前の一般社員に対してであって、課長になると経営サイドの立場という位置づけになるために、やむを得ない事情がなければ、人事異動が容赦なく実行されることになります。末端組織の指揮官である課長をどう動かすかは、まさに組織戦略そのものだからです。

心身のバランスを崩しやすい

第1章7節の「組織の現状を診断する」で4つの典型パターンを紹介しましたが、上司の期待や組織の状況がどうであれ、新任課長はやることが山ほどあります。

にも関わらず、残念ですが課長という立場にモラトリアム期間は設けられていません。できるだけ早く他の課長のマネジメント水準にキャッチアップしなければなりません（実際、新任課長だからといって組織目標が他の課長と比べて大目に見てもらえることはありません）。

特に課長就任当初は、昇進したことによる自分自身への期待もあり、何でもやろうとする傾向が顕著です。しかし明らかにベテラン課長より大変な状況にあるわけですから、すべてこなそうとするには無理があります。

「重要なことに集中できない」まま、仕事のワンコ蕎麦状態に陥り、機械的に業務をこなすだけでときが過ぎていくことになります。

そうすると本来、課長は視野を広げて物事を考えなければならないのに、視野狭窄に陥り、判断が鈍り、困難な仕事が後回しになり、ストレスフルな状態となって、最悪「燃え尽き症候群」に陥ることになります。

これに転居を伴う転勤となれば、家族にも少なからずストレスを与えることになるので、心身のバランスには気をつけなければなりません。

あえて、計画を立てる時間を確保する

こういうときこそ、仕事の進め方や計画を見直して小さなＰＤＣＡを回すことが重要です。ただのＴｏＤｏリストでは意味がありません。１日の最初か終わりに毎日時間をとって、前日立てた目標や予定ができたかどうか振り返り、明日何をするかを考えます。仮に不十分な出来であっても、その後の対策を立てるという習慣が身につけば、自分を見失わずに済みます。

また、先の納期だからといって重要でなく、緊急でもない優先順位の低い予定を引き受けないように慎まなければなりません。

上司や部下は、忙しいあなたの予定が埋まらないうちにいろいろとアポイントを入れようとします（悪気はないはずですが）。

優先順位の低いことでも、期限が迫ってくればやらなければなりませんし、一度ＹＥＳと言ったことを撤回するのは難しいので、できるだけＮＯと言える状況にしておきたいところです。ＮＯと言ってからＹＥＳというのは歓迎されますが、逆をすると気まずくなってしまいます。

窮地のときほど社内外の人脈はありがたい

社内外の仲間ほど頼りになる人脈はありません。

これまで定期的な飲み会などで相談に乗ってくれていた同期の友人や同窓の先輩などは頼りにしたいところです。

ただ、あなたが昇進したことで、社内序列が崩れている可能性もありますし、地位が変わったことで彼らのアドバイスが有効でなくなることもあり得ます。

そう考えると、できるだけ早いタイミングで自分より経験のある他の課長以上の管理職や役員クラスとの人脈作りに着手するのが賢明です。

また、客観的なアドバイスをもらえる立場の人は、社外の人脈です。

取引先など会社との関係が濃い社外の人もありがたい存在ですが、個人的なつながりのある人脈のほうが、あなたの私生活や今後のキャリアを含めた相談相手になりますので、大事にしたいです。

■第2章 まとめ

・会社のミッションやビジョンは、意思決定する立場にある管理職の判断の最後の拠り所
・仕事を任せるときの5つのステップは「4つのことが見えているか」「誰に任せるか部下を見極める」「事実・データと部下への想い・期待は区別する」「仕事の状況と頑張り、成長、言い訳を区分する」「任せることの終了を宣言する」
・課長になったらマネジメント研修の機会がなくなる
・管理職の実力を確認するKPIはヘッドハンターから声がかかること
・SNSで廉価な勉強会に参加し、社外ネットワークを築く
・「優しさ」と「厳しさ」の両面を駆使し、部下の気持ちを受けとめられる「包容力」を持とう
・断れない人は〝貧乏暇なし〟課長になり、部下にも悪影響が及ぶ
・自分も相手も大切にした自己表現（アサーション）を学ぶ
・課長人事は組織戦略の要、異動負担増で心身のバランスを崩さないように心がける
・社内外の人脈は好調時より、厳しいときのほうがありがたい存在

第3章

課長の業績マネジメント

1

数値目標のまとめ役に甘んじてはいけない

課長は〝課の経営者〟といいましたが、当然上位組織（上司）のミッション・方針・戦略・目標の制約を受けます。

そこで外さずに考えたいのが上位組織の目標との連鎖だけでなく、同ビジョンやミッションとの連動性です。

例えば「部として10億円の売上目標があり、その中の3億円はうちの課に課せられた死守すべき目標だ」というのはただの数値目標の連鎖です。これだけでは、課長は単に数値目標のまとめ役に過ぎないことになってしまいます。

課長はミッション、ビジョンも展開すべし

前章で「自分の会社が社会の中で果たすべき役割」をミッションと定義し、それを実

現すべく中長期的に「こうありたいと思う姿」がビジョンと定義しました。

そもそも上位組織の中期ビジョンは、全社の経営理念や方針、ビジョン、戦略などから展開されたものになっているはずです。

外資系の会社であれば、組織ごと、個人ごとにジョブ・ディスクリプション（職務記述書）といわれるシートが渡され、個人のレベルでもミッションが明確です。

これをあなたの課でも導入するとよいでしょう。

ジョブ・ディスクリプションとは、職務の遂行内容・責任・難易度・求められるスキルなどを記述し、基本的な役割を定義する資料です。

具体的には、ポジション別（個人）に、

・ポジション名

・職務の目的

・職務の責任

・職務内容・範囲

・求められるスキル・技能・資格

などが記載されたものですが、部下には単年度の業務目標だけでなく、これらの項目

（役割）と期待を設定することで、部下の能力を最大限に引き出す準備をしましょう。

上司にビジョンがなければ自分で忖度して作る

そうはいっても「部長からは全社の経営戦略、個別戦術の話はあるが、部門のミッション、ビジョンなど聞いたことがない」という話をよく聞きます。

もし仮に会社の経営戦略が当たって、好業績が続いていたのだとすれば、これまでの部門長はそれほど考えなくても済んだかもしれません。

ただ、今のような厳しい経営環境の中で、そう悠長なことはいっていられません。

「1つ上のポジションに就いたつもりで今の仕事をしなさい。そうすれば必ず上司から評価される」と指導されることは多いはずです。

これは新入社員から経営トップに至るまで通用するビジネスパーソン不変の法則です。このことを今一度思い出し、初心に帰って常に上位者の視点で考えることを習慣化しましょう。そうすれば、あなたの所属部門内でのステイタスは必ず上がることになるはずです。

2 戦略策定は環境分析から

自部署のミッションが明確になったら、それを戦略に落とし込みます。つまりミッションを果たすために、中期的な視点で何をどのように実現するかを明らかにするのです。これは「何がどうなれば、そのミッションが果たせたといえるのか」を自問自答する行為であり、この問いに対する答えが戦略目標になります。

目標を達成するストーリー作りには、前回の中期計画の達成度や実施した施策を振り返り、今および近未来の環境分析が欠かせません。

分析の観点は「外部環境」と「内部環境」

孫子の兵法にある**「彼れを知りて己を知れば、百戦して危うからず」**はあまりにも有名なフレーズですが、自部署（部門）を取り巻く環境を社内外の観点で把握することは、ビジネスを戦いとした場合に欠くことができない重要なステップです。

外部環境というのは、営業や開発の部門だけに限ったことではありません。製造部門や管理部門であっても、自部署に関わる外部環境を認識しておく必要があります。

例えば、製造部門であればマーケットの需要の変動に対応しなければなりませんし、常に競合相手の納期や生産性を意識する必要があります。

人事部門であれば、他社よりも優秀な人材を採用することが求められますし、人材育成においても他社を上回るスピード感がなければなりません。

経理部門であれば、より利便性の高い決済方法の開発などに取り組むことが必要でしょう。こう考えるとすべての部門が、社内外の環境に対応する必要があります。

また、多くの企業は自社だけではビジネスや業務が完結しないことが増えてきました。自部署・自社だけではなくグループ会社や外部の協力会社についても、「内部環境」として状況を把握しておくことが大切です。

4C分析、SWOT分析

環境分析のフレームとしては、3C分析、SWOT分析が有名です。

3Cは、**「顧客」**(Customer)、**「競合」**(Competitor)、**「自社」**(Company)です。

「顧客」については既存顧客や将来の潜在顧客について、市場の規模や成長性などを分析し、「顧客がどういうニーズを持ち、どのような基準で競合他社と比較しているか」などを考察していきます。

「競合」は、競争している企業の状況や競合商品などについて、シェアや参入障壁、戦略・戦術、強み・弱み、経営リソース、業績などを分析します。

「自社」については、ブランド力や収益力、ノウハウ、営業力、生産力などを定性的・定量的に分析します。

ＳＷＯＴ分析は、自社を取り巻く経営環境を、自社周辺の「内部環境」を**強み（Strength）と弱み（Weakness）**で、**「外部環境」を機会（Opportunity）と脅威（Threat）**でそれぞれピックアップし、マトリックスにして分析するためのフレームワークです。

「強み」は、自社がこれまで培ってきた実績やノウハウ、既存顧客から得られている信頼などについて幅広く考えます。

「弱み」は逆に、先達が積み上げてきた実績が大きいがゆえに、新しいことにチャレンジしようという精神に欠けている組織風土だったり、新規事業に関するノウハウが不足していたりなど、目標達成に障害となりそうな特性を検討します。

「機会」は競合、業界、顧客、市場規模、法改正、ＡＩ化などの動向が自社の目標達成にどう貢献するかがポイントとなります。

「脅威」は、これら動向から考えられる、目標達成の障害となる特質をどのように取り除くか、またはその脅威から身を守るかを検討することになるでしょう。

このような環境分析は、現状だけでなくこれからの変化を見通すところまで習慣として身につけておけば、外部環境の変化を的確に捉え、未来志向のマネジメント力が養われるはずです。

かつて環境分析は3年に一度、中期計画の策定時に考えればよかったものですが、現在のような変化の激しい時代は、年度の目標を策定する都度行う必要があります。

3 年度目標の設定で大切なこと

組織の目標は自部署最適だけで、設定するわけにはいきません。課長は常に1つ上の視座で考え、全社最適の自組織目標の設定が求められますし、組織のミッションや戦略のストーリーと整合性がとれていなければなりません。つまり関係部署やビジネスパートナー企業とのすり合わせも重要になることから、目標を部署内だけのものにしてはいけないのです。

原則的な自部署目標設定の手順とポイントを確認しましょう。

上位目標との連動性を確保する

上位組織の目標との連動性は数値が割り当てられただけのような表面的なものになってはいけません。上位目標の内容だけでなく、目標設定の背景や全社内での位置づけ、達成方策までの理解が重要となります。

上位目標を深く理解するためには、上司の立場になったつもりで、上位目標を考えるだけでなく、上司が自分に対して何を期待しているのかを明確に認識する必要があります。もし、自分の理解に不安がある場合は、直接上司に尋ねるべきです。

ただし、気をつけたいのは、上位目標や自分への期待が、社内の論理や現状肯定だけにならないように、会社の理念や市場の動向に照らして考える習慣を身につけたいところです。

目標とKPIの設定

どんな目標であっても、「何を」（目標項目）、「どこまで／どれだけ（目標値／達成値）」、「いつまでに（期限）」の3要素を明確にする必要があります。

ところが、目標項目が明確であるにも関わらず、目標値が不鮮明なものは、ただのスローガンになってしまいます。

また目標値によっては打つべき施策は変わるはずですし、毎年前年度よりチャレンジングな目標・成果が課長には求められます。定量・定性に関わりなく、明確で最適な目標値の設定が欠かせません。

目標はできるだけ数値化するのが望ましいですが、「うちの部署は目標を数値化できない」という人もいます。もちろん無理やり数値化しても意味はありません。目標設定で最も重要なのは、**「実現したい成果を明確にする」**ことです。問題は、目標を立てにくい部門や職務が存在するのではなく、実現したい成果が不明確なことです。そもそも成果を出さなくてよい部門や職務などないわけですから。

数値化しにくい部門の目標

間接部門など数値化しにくい組織の目標については、次のような視点で検討されてはいかがでしょうか。

１つ目は、「部門や部署、自身の役割に注目し、**〝役割を果たしたか〟をどこで確認するか**」を明確にして、それを目標にすることです。

例えば、会社の監査業務で、「年間〇回の監査を実施する」という目標値は、役割を果たしたといえるものでしょうか。「対象部門の業務監査活動の定着」に着目しなければならないはずです。

２つ目は、事務スタッフ職の場合、**事業部門や営業担当など他者の活動変化を数値化**

するという方法です。

例えば、営業事務担当者が「営業担当者の平均外勤時間比率を10％上昇させる」という数値目標などを設定できれば、営業担当者の事務負担が減り営業活動改革につながる可能性があります。

3つ目は、**「行動ではなく、実現している姿」を明確にする**ことです。

例えば、「出来の悪い部下に週1回指導する」ではなく、「受注処理業務をA君に全面的に任せられる状態にする」ところまでコミットしなければ指導者としての目標にはなりえないでしょう。それをクリアする条件を数値化することはできそうです。

4つ目は、**「チェックリスト」方式**です。

好ましい仕事（成果）の観点を列挙し、チェックリストにして判定します。「40項目中30がクリアしていたら合格とする」「各項目の出来栄えがよいものは加点評価する」など一度作っておけば、担当替えがあっても使えます。

5つ目は、例えば部下育成について**「成長度合いを測るKPIを設定する」**という考え方もあります。

「入社3年目の営業担当者の平均単独受注額は7000万円を標準とする」など、部下本人の実力値を示す数値を自身の部下育成度合いに設定できそうです。

4 コックピットの計器を整える

飛行機の操縦に例えると、課長はコックピットにいるチーフパイロットです。操縦に必要な装置が装備された操縦席に座り、計器類の指標が示している数値を読みとりながら、適切なマネジメントを行い、乗客（部下たち）を目的地まで送り届けるのが、課長のミッションです。

そこで重要になるのが、自身の操縦（マネジメント）が適切なのかどうかを確認・判断する計器類を設定することです。

ＫＧＩからＫＰＩを設定し、マネジメントのモニタリングをする

コックピットにある計器類とは、最終成果を表すＫＧＩ（Key Goal Indicator：目標達成指標、結果指標）と、その成果（目標）を達成するプロセスの進捗度合いを確認するＫＰＩ（Key Performance Indicator）を指します。

ウェブマーケティングの世界などでは、サイトへの訪問数、直帰率、平均ページビュー、サイト滞在時間、コンバージョン率、商談率、受注率、平均受注単価などのＫＰＩは常識的に使われています。

またプロ野球の世界でも、最終成果の打率（ＫＧＩ）、出塁率、長打率だけでなく、他にも様々な指標でチームの状況や選手の評価をしています。

ところがまだ多くのビジネスの現場では、プロセスの進捗度合いを評価する習慣が馴染んでおらず、「結果がすべてだ」といって最終結果（ＫＧＩ）ばかりに焦点が当たっているように思えます。

例えば営業部門の課長は、自身も担当顧客を持っているプレイングマネージャーであることが多いですが、部下の仕事ぶりよりも、売上や受注金額や件数、失注した商談などしか把握していないことが多いようです。

期末に目標が未達に終わりそうなところまできて、「何とかしろ！」と無茶な精神論で部下（特に優秀な部下）のお尻を叩いているというのは、よく聞く話です。

課長はもっと日常の営業プロセスをモニタリングして、都度適切な施策を打っていればこのようなことにはならないはずです。

課長には、部下１人ひとりの活動は直接見ていなくとも、組織の状況を把握し、最適な判断を下すことが求められます。

ＡＩ時代の課長のマネジメントは、いかに適切なＫＰＩを設定し、モニタリングし、アクションにつなげていけるかにかかっているといっても過言ではありません。

うまく使えば、チーム活性化やメンバー育成、働き方改革につながる

ＫＰＩは業務管理だけのツールではありません。

今や日常的に語られるようになった「働き方改革」も、残業時間や人件費といったＫＧＩだけの目標を掲げて取り組んでいる企業は、社員の働き方がおかしな方向に向いています。

「今は時間をかけてでも仕事を学ばなければいけない時期だと思うのに、20時に強制的に帰れといわれると自分の成長に不利だ。皆がワーク・ライフ・バランスを求めているわけではないのに」（20代一般社員）

「定時で終えるために、皆ひたすら集中して作業をやって、終わればすぐ帰っていくようになった。このままではチームワークで仕事をしていたうちの組織の持ち味が薄れてしまう」（40代管理職）

このような話は、私が企業研修の懇親会の場で必ず出てくるものです。

「部下1人当たり残業時間」の変化だけにフォーカスするのではなく、「コア業務の時間」や「成果の件数」、「部下からのアイデア数」「集中・学習できた時間」「在宅勤務できた時間」などをかけ合わせたり、比較したりするだけでも自組織のあるべき働き方の検討につながります。

ただ、KPIをとるのに時間がかかってしまうようでは本末転倒になりかねません。厳密に測定できなくても、最初は会議の場でメンバーの実感を聞いてみる程度から始めるのがよいかもしれません。

5 最適な組織戦略と人員体制

自部署のミッションを確認し、置かれた環境を分析して、戦略・目標を設定したら、実行体制作り（組織化）を進めます。

戦略から考えて最も効果が期待できる体制を整えなければなりません。

チーム体制かフラット体制

例えば、統括する組織がそれなりの人数になるのであれば、組織のナンバー2、3をリーダーに任命し、チーム制（ピラミッド組織）とするのも一計です。

営業チームや企画チームといった機能別であったり、東京チーム、埼玉チームといった地域別、アポ取りチームや受注チームのようなプロセス別、商品別、顧客別、あるいは山本チーム、佐藤チームといったリーダー別など編成の方法は様々です。

チーム制では、組織内の定常的な仕事はチームリーダーに権限委譲すれば、効率的な組織運営が可能ですし、任されたリーダーは限られた権限であっても責任者としての意思決定や部下育成など次期課長候補者としての育成効果があります。

ただ、リーダーの出来・不出来によってチームの業績が左右される可能性があるため、課長の指導・フォローが欠かせないことと、意思決定の階層が1つ増えるので迅速性に欠けるきらいがあります。

あるいは、課長の配下に上下関係のないフラットな組織も考えられます。

メンバー全員が課長の直轄となり、部下の状況に直接関与する機会が増えるため、意思決定が迅速に行え、現場の状況変化に対応しやすいというメリットがあります。

ただし、部下の数が課長の管理能力の範囲を超える状態だと「放任」になる危険性があります。

また仮にナンバー2、3といった存在がメンバーにいたとして、「○○君のことは君が面倒を見てくれ」といって後輩指導の役割を担わせたとしても責任感という点で中途半端にならざるを得ません。

チーム制がいいのか、フラット組織がいいのかは、設定した自組織の戦略を完遂するためにどういう組織で臨むのがベストなのかによります。ここから具体的な戦術、施策に展開していくことまでが組織戦略なのです。

人員体制は毎年考えるもの

会社は毎年、年度目標を達成するための事業戦略・組織戦略・人員体制をゼロベースで考えます。結果的に前年とほとんど変わらないものであってもです。

それは企業の末端組織の〝課〟であっても同じで、盲目的に昨年度と同じ人員でマネジメントすることを前提としてはいけません。部署内の頭数の変動だけでなく、人員の質と量についても考えなければなりません。**「どのような知識・スキル・経験のあるメンバーが、何人程度必要なのか」**を考えることで初めて過不足が具体的に見えてきます。自問する問いは、**「現有メンバーの成長（育成）で戦略上の必要な能力が充足できるのか」**、**「現在の人員数で戦略の実行が可能か」**、**「人員の増減（人件費増減）の可能性はあるのか」**の３つです。

特に人材の〝質〟の強化は、短期的に実現できるものではないため、部署戦略にもとづいて中期的な視点で考えることが重要となります。

人員計画は、戦略と年度計画の両方を考慮して設定する必要があります。

つまり、部署の戦略に応じて中期的な視点と単年度の予算の両方を考慮して設定すべきものなのです。

6 PDCAは〝P〟が8割

マネジメントサイクルのPDCAの中では、Planが一番大事なのはいうまでもありません。会社はトップダウン計画か、ボトムアップ計画かに関わらず策定された全社計画にもとづいて活動するからです。

惰性で来期計画を立ててはいけない

ところが、末端組織の〝課〟では、来期の計画を立てるのは、今期の目標達成の追い込み時期と重なるのが辛いところです。余裕のない部署ほど、今期業績の達成に力を使い果たし、翌期の計画策定がおざなりになっています。

ただ、上位組織からブレーク・ダウンされて降りてくる目標は、前年対比○%アップのような形式のため、**「本年よりもう少し頑張れば何とかなるか」**という心理も働き、十分な検討がなされないまま、拙速に来期計画を提出してしまいます。

課長から提出された次期目標ですが、目標値だけは上司の意向をくんだものになっているので、どのようにやるのかまで口をはさみません。「結果さえ出してくれるなら」という期待もあるでしょうし、「やり方、戦術を考えるのは課長の仕事だ」と考えるからです。

課長もちょっと無理だと思いながらも、上司の意向（高い目標）を飲めば、これ以上突っ込まれることもないので、安易に妥結してしまいます。

かくして、目標達成のイメージをつかめていないまま、新しい期がスタートするのです。

目標達成のストーリーは仮説思考で描く

目標項目と目標値が上司に承認され、関係部門とすり合わせたら、目標達成の方策を考えることになりますが、ここでは仮設思考でストーリーを描くことが重要です。

ただ事業環境の変化がこれほど激しくなると、期初に立てた目標設定の前提が崩れることが十分にあります。というより、1年前に考えた目標がその通りにいくことのほうがまれで、常に目標設定時の仮説を検証し、モニタリングしていくスタンスが必要です。

ここでいう仮説は次の３つです。

まずは、**「ゴールの仮説」**です。

自組織の課題を達成したときのゴールイメージはどういうものでしょうか。チャレンジングな売上の目標数値は明確でも、どのマーケットからどういう顧客を獲得し、いくらで、いくつ納品するのか。どの部下がどれほどの貢献でその数値が成り立つのかといった仮説です。

２つ目は、**「問題／障害の仮説」**です。

目標に向かって業務推進するときにどのような問題や障害が想定されるのかについての仮説ですが、想定通りの進捗なのか、遅れているのか、予想以上にうまくいっているのかによって、見直す必要があります。

このとき、気をつけたいのは、うまくいっているときです。

誰しも進捗が思わしくないときは、当初の仮説が違っていたのか、外部環境や競合企業の変化があったのかなどに応じて仮説の検証・修正を行います。

ところが、想定よりうまくいっているときに仮説は見直されません。状況が変わって**自然に業績が伸びたのなら、前提が異なっているので、仮説も変えなければならない**はずです。

状況がよいときほど「なぜうまくいっているのか」、その成功要因を分析し、軌道修正すべきなのです。うまくいっているときの障害は、元々想定していた障害とは別のものである可能性が高いということを忘れないようにしてください。

３つ目は、**「代替案の仮説は複数持つ」**です。うまくいっていないとき、どのような代替案が考えられるのでしょうか。問題・障害の仮説とともに複数の代替案を考えなければ、変化の激しいマネジメント環境に適応していくのは困難です。

こうして目標設定時に立てたことは、検証して成功・失敗の要因を特定し、**「仮説」と「障害」と「対策」の3点セット**で目標達成ストーリーや施策を描いていきます。

私が知る限り、管理者の多くは部署目標の進捗管理は行いますが、ストーリーを描き直して期末の着地見通しを鮮明に持ち続ける人は意外に少ないようです。期末の着地を常に見据えて、仮説と軌道修正の繰り返しを愚直に続けている管理職が安定した成績を収めているのは間違いありません。

7 かける時間は〝D〟が8割

PDCAで重要なは〝P〟が8割だと話したばかりですが、実際のマネジメントにかける時間は8割がDo（実行）です。

新任の管理職研修では、期初（正確には前期末）にしっかり組織計画を立案することの重要性をお話しますが、現実には新年度がスタートしたら、当初立てた計画よりも、目の前の、それも本日中に処理しないといけない仕事に忙殺されることでしょう。

Do（実行）の推進前に、「あなたは信頼されていますか？」

管理職としてマネジメントを実行していく基盤・前提となるのは「信頼関係の構築」です。

ただし、信頼関係は、いくら勤務歴が長くても、一緒に仕事をした経験がなければ、決して一夜にして築けるものではありません。常日頃の言動が積み重なっていくことで築かれていくものだからです。

したがって、利害関係者に対する自らの言動について日常的に注意を払い、好ましい言動をするよう習慣化することが重要になってきます。

誰とも関わらず個人成績だけですべてが評価される一匹狼集団などは極めてまれです。

とすれは、課長は日頃の言動について部下の手本となる必要があります。部下は上司のことを厳しい目で見ていることを念頭に置いておく必要があるわけです。

管理職未満が対象の企業研修で、受講者に「信頼のおける人物像は？」と質問をすると、**「言行一致」「率先垂範」「状況に応じた的確な判断」「相手の立場への配慮」**の４項目が常に上位に来ます。

このことを念頭に置いて、日常の言動を自ら律してください。

部下への指揮の中心は部署目標の達成に参画させること

多くの課長が最も頭を悩ませるのは「部署全体の目標」（≠課長の目標）に参画意識を持たせることです。

ポイントを4つに絞りましょう。

1つは、**部署目標の設定段階で参画させる**ことです。

そもそもご自身の一般社員時代を振り返っていただければ分かるはずですが、自分の仕事で手一杯だと（いつも）思っている部下が、上司からのアプローチなしに部署全体の目標に進んで関わったでしょうか。否ですよね。

「関心を持ってくれない」と嘆く前に、部下を巻き込むように課長から働きかけることなしに一般社員は全体目標に関心を示しません。

2つ目は、課長が**部署の取り組みに対して率先垂範する**ことです。

課長が部署目標の達成にこだわりがあって、部下が同じ気持ちになっていない組織はありますが、逆に課長が淡白で、部下だけが達成にこだわっている組織などありません。

課長には、部署の成果責任があります。目標達成に徹底してこだわる必要がありますが、大声で目標達成を部下に求めることが「こだわり」ではありません。目標が達成できるように先を読んでやり方を変え、自ら実践することです。

うまくいかなかった責任を部下や上司になすりつけず、部下が目標を達成できるように具体的なサポートをする行為を継続することで、部下はあなたに信頼を置くのです。

３つ目は、**部署目標の達成状況と見通しを確認・共有する**ことです。

具体的には目標の進捗を確認し、その要因を特定し、方策の効果性を確認します。実態に合わせて目標達成のストーリーを見直すとともに、着地見通しを持ち、さらなる方策を修正するなどの進捗確認行為を部下と共有するのです。

４つ目は、**部下の個別目標の達成を支援する**ことです。

ただ前提として、部下の目標について達成度合いだけでなく、達成に向けた課題も合わせて設定しておき、各々の進捗をモニタリングすることが重要です。

支援の内容は、**「目標の進捗と見通しをしっかりと聞く」「目標達成度を高める施策を確認する」「現状認識させる」「施策の改善案について一緒に考える」「部下の心理状態を把握する」「乗り越えるのが困難な課題は具体的に支援する」**の６つの活動です。

これらをティーチング、コーチング、傾聴のスキルを駆使して進めていきます。

部下の成績の中で多くのウエイトを占めるのは、個人目標の達成です。こちらの支援なくして部署目標への参画はありません。

8 Check と Action を疎かにしない

「うちの会社は〝P〟と〝D〟は積極的ですが、やりっぱなしで〝C〟と〝A〟がない」。これは、私が企業から経営相談を受けた際の5社のうち2社の人事部長から打ち明けられる決まり文句です。

〝P〟（計画）が最も重要と再三お話ししているように、そもそも〝P〟（計画）がしっかりと考え込まれていないからこうなります。

つまり何が実現できればいいのかを突き詰めて考えられていれば、自ずとKPI（重点評価指標）は設定され、達成度合いによって次のアクションが見えてくるはずなのです。

行動力・企画力のあるトップダウン組織はD、D、D

〝C〟（差異分析）と〝A〟（改善のアクション）が疎かになる企業は、トップダウン型の企業に多く見られます。

例えば改革好きの社長が繰り出すテーマをこなすことが優先され、結果を検証する前に新たな取り組みが始まってしまうといった具合です。

どこの会社でも経営のスピード感は従業員のそれとは2倍も3倍も違うので仕方がない所もありますが、せめてやったことが検証できるように、ＫＰＩは設定しておきましょう。

例えば月次の目標がなかなかクリアできず、営業担当者当たりの訪問件数を増やすのならば、内勤時間の削減を目指し、事務処理の方法やプロセスを見直すことが必要でしょう。

また外勤時間、商談時間、移動時間などを評価することで、訪問効率、商談密度の改善につなげる足がかりをつかめるでしょう。「訪問しろー！」と発破をかけるだけではただの精神論で終わってしまい、「どうせ社長はそのうち新しいことをいってくるさ」という組織風土が出来上がってしまいます。

Checkとは差異分析のこと

差異分析は、次の目標設定に向けて行うものです。

それまでの活動を総括し、引き続き継続していく活動、改めるべき活動、辞めるべき活動、新しく行うべき活動を特定するために実施するものです。

そのためには、論理的な分析をしなければなりません。

「A君はよく頑張ったと思うが、新規開拓はもう少しやってほしかった」

「B君は競合が増えたのによくやってくれた」

のような定性的な振り返りに終始するのではなく、

「目標と実績の差はどれほどの乖離があったのか？」

「売上の内訳やプロセスは仮説通りだったか？」

「どんな活動や施策がどのような効果的があったのか？」

など、事実や出来事にもとづいて整理することが大事です。

来期や次の目標のための総括ですので、目標の達成・未達成を問わずに差異分析しなければなりません。

もっとも、目標未達成の場合は、未達の原因を特定し、どの施策が効果を生まなかったのか、どのような施策に変えると効果が出そうなのかを検討する管理職は多くいます。ですが、そういう管理職でも、目標達成のときは、達成した原因を特定し、効果があった施策を今後も継続するのかを検討するべきところを、達成したからといって「結果オーライ」の祝杯をあげて終わりにしている方が多いのも事実です。

本書をここまで読んでいただいている読者の皆さんには、改めて差異分析は、今後のマネジメントに活かすために実施するものと考えてください。

9

チーム運営で重要な7つのレイヤー

本章ではこれまで自チームのマネジメントを推進するにあたってのベースとなるところを解説してきましたが、これらの活動はそれぞれで完結するものではありません。常に意識しておきたいのは、次の7つのレイヤーの整合性です。

①組織／業績目標
②戦略／アクション
③業務プロセス
④組織（チーム体制）
⑤KPI
⑥人材
⑦ルール&システム

課長は7つのレイヤーのズレに敏感になることが大事

これら7つのレイヤーを一気通貫できるように意識することで、思考の整理やチーム管理だけでなく、チーム全体の実行力が上がります。

マネジメント研修などでは、1つひとつが別々の領域として扱われています（人材関係は人事、ＫＰＩは数字を扱っている経理、システムはＩＴなど）が、一気通貫で考えないとマネジメントがチグハグなものになってしまいます。

課長向け研修では、実際に7レイヤーの整合性について考えてもらい、考え方を習得するようなワークをします。この考え方は部長以上になっても必要なため、なるべく新任課長時代から理解していただきたいところです。

ただ現実には完全に整合することはあり得ないため、むしろ不整合な箇所を自チームの課題として認識することが大事です。

7つのレイヤーを一気通貫する

例えば、営業チームの例を見てみましょう。

①目標＝チーム受注額10％アップ
②戦略アクション＝重点顧客A社の攻略
③業務プロセス＝重点顧客A社の担当チームの作戦会議、ミーティングや提案書作成プロセスの整備
④組織＝提案チームと営業支援チームの連携
⑤KPI＝重点顧客A社のキーパーソンへの訪問回数・提案回数
⑥人材＝提案力・営業力の高い人材のアサイン
⑦ルール＆システム＝重点顧客A社の担当者以外も、A社の攻略に有効と思われる情報を共有し、攻略検討に参加すること

一気通貫になっている状態は右記のようになりますが、現実にはどこかに不整合があるのが通常でしょう。

例えば、右記の例では、「重点顧客A社を攻略するぞ！」と戦略アクションを掲げても、

業務プロセス以下は全く顧客Ａ社への対応になっていないケースなどざらにあります。

重点といいつつ担当者に大きな期待はかけるも任せっきりで、作戦会議や提案書のレビュー（③）がおざなりであったり、組織的な役割分担（④）も声をかけただけで形式的・表面的なものであれば、各自が自分の仕事を優先するので、連携になっていないことなどよくあることです。

ＫＰＩ（⑤）も単なる訪問回数の確認だけで、購買に実質的に影響のあるキーパーソンとの面会ができていなかったり、不足している提案力・営業力を補完するための人の手当てができなかったり（⑥これは難しい）、「情報共有しよう！」と呼びかけだけに終始し、具体的なルール化ができていなかったらどうでしょうか。

10％アップどころか、現状維持がせいぜいなのではないでしょうか。

以前ご支援した企業の営業課長へのインタビューや企業研修で受講者の課長に聞いてもそもそも「７つのレイヤーの整合性など考えてこなかった」という意見が大半を占めます。

こういう思考を今のうちに養っておかないと、まもなく来るであろうＡＩ時代のマネジメントに取り残されかねません。

10

課長の時間の使い方

「働き方改革」によって、「部下の労働時間を削減せよ!」「組織の生産性を向上させよ!」「売上を落とすな!」という声が強まり、実際統計的には残業が減少しています。

「働き方改革」の一番の被害者は課長

ところが現場の課長にインタビューすると、「品質を落とせば競争力が落ちるので、それほど業務は削減されていません。でも部下に残業させにくいので私が代わりにやってます」という返答が多数を占めています。

課長は管理職になったとたんに、自身の労働時間に無頓着になります。

会社からは「今までは労働時間を管理する立場だったのが、これからは部下の労働時間を管理する側に回ります」という説明を受けます。

その上で「おおよその残業代の代わりに固定給として役職手当を支払うので、自分のこと（時間）は自分で管理してください」という話になります。
そこへ〝部下に残業させない働き方改革〟が始まり、結果として残業という概念がない管理職（特に課長）がコストのかからない作業者としてそのしわ寄せを受けているのです。

課長自身の時間の使い方の確認から始める

課長のあなたは、自身の労働時間マネジメントの手本を率先して部下に見せる必要があります。

【ステップ①】
まず、年間の労働時間をざっくりと考えてみましょう。
例えば１日８時間、土日祝祭日・夏季冬季休みを考慮すると年間稼働２４０日、そこから有給休暇を10日取得するとすれば、
８時間×（稼働日２４０－10日）＝１８４０時間／年
が課長の年間労働時間の最小値でしょうか。

私が研修などで課長に労働時間を確認すると、1日当たりおよそ10～12時間が最頻値のようですので（あくまで私の講座の受講者だけの数値です）、年間だと2500時間くらいになりそうです。

【ステップ②】

次に第1章3節「課長の全タスクを洗い出す」でお伝えしましたが、ここで算出した年間労働時間を実際やっているタスクに割り振ってみます。

厳密に計算する必要はありません。この会議に毎日10％程度かかっていれば、2500／年×10％＝250時間とザックリで構いません。

【ステップ③】

その次のステップは「本来やらなければならないのにできていないマネジメント業務」を見積もります。

「部下との個別面談が人事評価の時期にしかとれていないので別途、月に○時間とる」、「計画・戦略策定にまとまった時間を確保する」など、重要だと認識しながら緊急性がないために後回しになり、結局手がついていない業務があるはずです。

【ステップ④】

ステップ②で算出した現在のタスク（労働時間）に、ステップ③で見積もったマネジメント業務を単純に足し合わせるとどれくらいの労働時間になったでしょうか。

仮に３０００時間になったら、そこを起点として、どれだけ効率化や削減ができそうか目標を立てることから始めましょう。

可能であれば同じ立場の課長同士が、ステップ③、④あたりまでやってみて、意見交換したいところです。部下指導にかける時間や仕事の進め方の違いなど参考になるはずです。

【ステップ⑤】

ところであなたが統括している組織全体の労働時間はどれくらいになっているでしょうか。

自身の労働時間の使い方を振り返った後に、組織全体の労働時間を考察しましょう。

一般的に「タイムマネジメント」といわれる概念は個人のスキルとして語られているのがほとんどですが、これを組織全体の課題として取り上げ、部下たちを巻き込んだチーム目標として共有しましょう。

できれば部下それぞれの課題に落とし込み個人目標に展開できれば、進捗確認の機会などもチームで共有し、協力することも可能となります。

ここまで展開できてはじめて組織全体の生産性が改善されます。個人最適のタイムマネジメントでは実現できない成果が上がることでしょう。

■第3章 まとめ

・目標だけでなくミッション、ビジョンも部下に展開しよう
・環境分析は毎年やろう
・「彼れを知りて己を知れば、百戦して危うからず」
・KPI（Key Performance Indicator）マネジメントを実践しよう
・戦略を実行するには「どのような知識・スキル・経験のあるメンバーが、何人程度必要なのか」の考察なくしてあり得ない
・「仮説」、「障害」、「対策」の3点セットで目標達成ストーリーや施策を描く
・PDCAでは、8割重要なのが〝P〟、8割の時間を割くのが〝D〟、でも〝C〟と〝A〟をしなければマネジメントにならない
・7つのレイヤーで不整合が起きていないかをチェックする
・タイムマネジメントは個人から組織単位で取り組み、目標管理に取り込む

第4章

課長の
育成・評価術

1

部下の育成は「自己啓発」×「上司の支援」×「周囲の環境」

「あなたの経験を振り返ってください。ご自身が成長したきっかけにはどんな出来事があったでしょうか？」

新任管理職研修で「部下育成」についてグループ討論をする際に、私は最初にこの質問を投げかけます。

そこで語られるエピソードは、

「火の噴いているプロジェクトに放り込まれた」
「権限を与えられて思い切って取り組んだ」
「大きなトラブルに見舞われたとき、対応を乗り切った」
「まだ経験値が足りない時代に仕事の基本を徹底してたたき込まれた」
「よい上司について、責任ある仕事を任された」

というようなものが多く聞かれます。

自分の成長パターンが部下に当てはまるとは限らない

中には、「ひどい上司がいて苦労させられたが、それによって〝自分がしっかりしなければ〟という自立心が芽生え、成長につながった」という意見もよく聞かれます。

ただし、マネジメント３・０時代の課長にとっては、この方法が実感として最も部下を成長させると思っていても、やってはいけない指導法であることはお分かりでしょう。部下との信頼関係を損ねるだけでなく、パワハラ疑惑をかけられ、マネジメント活動に支障をきたすことになるからです。

部下育成についてはどんな管理職でも、何らかの実体験にもとづいた理論（信念、考え）を持っていることでしょう。

しかし、働く価値観が多様化しているゆとり世代が実務の中心に移行している今は、〝私の指導法〟ではなく、部下の特性に合わせて指導・育成法を柔軟に変えていくことが求められるのです。

成長のベースは自己啓発

会社が研修の機会を与えたり、上司や先輩が一生懸命に教えたとしても、本人に自己啓発意欲がなければ、育成サイドの徒労に終わることになります。

本人の成長意欲をいかに刺激するかが課長の部下育成に対する出発点です。

課長が直接部下を動機づけるのに基本となるのは任せた「仕事の意味づけ」でしょう。自分の仕事がどのような貢献につながっているのかを納得させることができれば、内発的な動機で仕事を進めていくことになります。

「うちの若い奴は、いつまで経っても指示待ちだ」と愚痴をこぼす課長だと、部下はやらされ感が満載の中で仕事をしている可能性が高いはずです。

上司はどんな支援をすべきか

日本企業の教育はＯＪＴ（On the Job Training＝職場での実務を通じて行う教育訓練）がメインですが、ＯＪＴだけでは指導者の育成能力や本人の学習意欲のバラツキが部下・後輩の能力伸長に影響します。そこで必要なスキルを体系的に学ばせるＯｆｆＪＴ（Off the Job Training＝職場での業務を離れて行うトレーニング）が必要になります。

ただ、現実の企業研修では「上司に行けといわれた」「人事部から受けろといわれた」というような受け身のスタンスの受講者が大半です。

さすがに言葉にはしませんが、「なんでこんなクソ忙しいときに研修なんだ」と思っていませんかと受講者に投げかけたら、半数以上の受講者は苦笑します。

せっかくの研修時間を単にやり過ごすだけでは効果は見込めません。

そこで、今後は研修に派遣する部下に対して、次のような働きかけをしてください。

①部下本人に研修の内容、参加目的、活用場面、効果性を示すなど明確な意思をもって送り出す（せめて頑張って来いよくらいの声はかける）。

②研修から帰ってきたら、振り返りをさせ、学んだ内容と活用場面を確認する（朝礼のような場で他のメンバーに内容を紹介する機会を持たせるのもよいでしょう）。

③日常業務で研修内容を活用しているかを確認し、フィードバックする。

これができて初めて、受講内容の理解が促進され、記憶が定着し、実務での実践を通じて実力がついてくるのです。

人は周囲の関りの中で育つ

部下が思うように成長していないと、部長（上司）から「課長は何を指導しているのか！」と叱責されるのは当然ですが、現実的に部下は、上司をはじめ同僚や後輩、他部署の社員、顧客、協力業者の方々からの影響を受けて成長するものです。

実際に研修やインタビューで社員の方に「自身が成長した大きな要因は何ですか？」と尋ねてみると、

「チームワークがよい職場にいて仕事が楽しかった」
「自由闊達に上下関係をあまり意識せず率直に意見をいい合えた」
「自発的に提案するメンバーがいて刺激になった」
「ライバルといえる1つ下の後輩が刺激になった」
「研究職や技術職などの分野の異なる人と一緒に仕事をした」
「面倒見のよい先輩がいた」

など上司以外の方々に影響されていることが窺えます。

とすれば、育成責任のある課長がすべきことは、部下が成長する右記のような環境を整えることといえるでしょう。

2 人材育成のＰＤＣＡ

ＯＪＴは、指導者の指導スキルのバラツキやムラによって、部下の成長度合いが違ってしまいます。

〝部下の特性を見極め、強み・弱みを見いだし、それに合わせて指導する〟というのは簡単です。しかし実際には「たまたま目についたから」と場当たり的に指導していることが多く、バラつかないほうが不思議です。そうならないためにも、しっかり「人材育成ＰＤＣＡ」を意識するようにしましょう。

Plan（育成・成長計画を立てる）

育成計画は、予め部下の強みを考慮して目標像（成長した姿）を設定し、その実現のために必要と思われる能力開発テーマを検討し、**必要な経験の場を与える機会を窺っておきます。**よい経験を積ませる絶好のチャンスは常にあるわけではないので、普段から意識しておく必要があります。

ここで重要なのは、**〝部下自身にも自分の成長シナリオを作らせる〟**ことです。自らの目標像を描き、その実現のためにどんな経験を積みたいかについて、自分の意思を整理させておきます。

注意したいのは夢物語にならないように、すぐにでも始められる具体的なアクションまで考えさせることです。

課長であるあなたと部下の目標像をすり合わせるこの機会が「育成面談」「キャリア面談」といわれるものです。

面談の場では、部下自身の成長計画に理解を示すとともに、部下への期待をより明確に示し、部下本人の主体性を尊重して、お仕着せにならないようにするのがポイントです。

DO（取り組みを支援する）

部下との面談で話し合われたことを支援しますが、ここでティーチングやコーチングのスキルを駆使します。

ティーチングは、部下の行動を上司が指示・助言する行為なので、答えは上司が持っています。

原則的な手順は次の通りです。

①仕事の全体像を示す
②仕事の目的、目標を示す
③手順・留意点を示す
④上司がやって見せる
⑤部下にやらせてみる
⑥やらせてみた状況をチェックして出来栄えに応じて継続的に指導する

③まで示しても④⑤⑥までフォローしなければティーチングとはいえません。もし課長の補佐役がいればうまく分担したいものです。

コーチングは、部下本人が本来の力を発揮するために、上司が触媒となる行為なので、答えは部下自身が持っていることが前提です。

基本的には以下のような手順で進めていきます。

①質問をして、（状況、現状認識、見通し、改善策、手順など）本人の考えを引き出す
②発言をよく聴き、感情をくみとる（傾聴）
③本人の意見や取り組みなどを認める
④必要に応じてアドバイスする
⑤励ます

顧客との関係において迅速な対応が必要となった環境下で、実際に課長がティーチングできるのは、限られた領域ではないでしょうか。

多くの場面で部下自身に答えを出させる必要性が増している現実からすると、コーチング力は課長がいち早くゲットしたい必須アイテムです。

Check & Action（成長状況と課題の確認）

部下とともに策定した育成（成長）計画にもとづき、成長度合いを少なくとも育成面談や人事評価面談のような場で定期的に確認し、計画そのものをブラッシュアップ（次のレベルのPlanへの昇華）していきます。

ただし、最終的には部下自身が自らの課題を考え、自分でセルフマネジメント（ＰＤＣＡを回す）ができるように指導することが重要です。

上司依存症の「指示待ち中堅社員」にならないよう、一日でも早く上司から独り立ちさせ、課長の仕事の効率化を進めましょう。

3

成長に欠かせない「内省」を促す

部下を成長させるには、未経験の仕事を与えたり、ストレッチな業務目標に取り組ませることが基本ですが、丸投げするのではなく、必要に応じて支援をしなければなりません。

ただ支援といっても「できないときにサポートする」といった業務的な支援だけでは十分です。

「内省」が成長を加速させる

部下に成長の機会を与えるだけでは、本人のやる気や基礎能力次第で成長度合いに大きなバラツキが出てしまいます。

そこで大事になるのが、振り返りを促す「内省」の支援です。内省する習慣をつけることが成長に大きく寄与するのです。

私がまだ駆け出しのコンサルタントで上司のアシスタントをしていたころ、クライアントに訪問した後、喫茶店で1時間ほど必ずクライアントとのやりとりについて振り返りがありました。

「クライアントの社長の発言の意味が理解できるか」

「従業員A氏とのヒアリングで、なぜあの部分を深掘りをしたのか」

「部長の意図が理解できたか」

等々の質問が上司から繰り出され、素人の私は仕事の奥深さを学ぶことができました。

同じ営業の仕事を10年やっていても常に成績トップクラスを維持している社員と、売れるときもあればそうじゃないときもあるムラのある社員は何が違うのでしょうか。

以前、プレイヤーとしての個人成績は優秀だが部下育成はまだ育っていないというAさんと、指導力があると定評のBさんという2人の管理職にインタビューをしたときのことです。

Aさんは自分の営業のやり方やなどを部下1人ひとりに懇切丁寧に教えているようでしたが、なかなか実力がつかず結果が出ないことに焦りを感じているようでした。

一方、Bさんも部下1人ひとりに向き合っていましたが、彼のやり方を部下に教える

というより、実際に顧客訪問した後に振り返りをすることに多くの時間をとっており、

「どういう意図をもっていたのか」

「実際に何と言ったのか」

「なぜそう言ったのか」

など現場で具体的にどういう状況だったのかを思い出させ、一緒に対策を考えるという指導スタイルだったのです。

内省を支援する

内省支援は、「よく考えさせる」ことが重要です。

Bさんのように質問技法をうまく使って、現場で何が行われていたかを確認し、本人が自分だけでは踏み込めない深い内省を促すための質問をし、解釈ではなく事実やデータを使って本人の実態を正しくフィードバックすることがポイントです。

ただ内省の支援は本人と感情を共有できているかが重要で、そのため他のOJTよりも、強い信頼関係が必要となってきます。この関係性が弱いと、内省支援をしようとしても部下がそれを受け入れようとしないことがあります。

かつて私の同僚だった社員は、上司とそりが合わず、振り返りの時間は非常に苦痛だったと愚痴をこぼしていました。

上司の物言いにも問題があったようですが、一定の信頼関係なくして内省、いや指導はできないのだと考えるべきでしょう。

4

開発したいのは部下のセルフマネジメント能力

本人にとってストレッチな業務をさせるとなると、何らか実務支援が必要なときもあるでしょう。

その際に**上司が意図しておきたいのは「成功体験を積ませる」こと**です。

成功体験は、ただ成果を出させればよいというわけではありません。**自分でなし得たという達成実感**や、**できなかったことができたという成長実感**を伴った成果創出でなければ、成功体験とはいえません。

そこで課長は、実務の支援を通じて本人に当事者意識を持たせるよう工夫する必要があります。

セルフマネジメントの能力を開発する3つの関わり

マネジメントとは「与えられたリソースで何とかミッションをこなそうとする行為」でした。

部下に与えられるリソースは限られるかもしれませんが、セルフマネジメント能力が養われる次のような関わりをしていきましょう。

まずは、**「仕事の目的を認識させ、責任を共有する」**ことです。

私の若い頃は業務指示はあってもいちいち目的まで説明されることはまれでした。ゆとり世代はそれより前の世代に比べて〝いやなものを避ける傾向が強い〟といわれていますが、その仕事をやる意味を理解すると驚くほど積極的に取り組みます。そういう意味では前述のティーチングの原則を手を抜かずにしっかりやればいいはずです。

またゆとり世代は「指示待ちでいわれたことしかしない」傾向が強いようなので、**結果責任は上司がとるが、やるべきことを手を抜かずにしっかりやり切るという遂行責任を意識させる**ことが重要です。

２つ目は**「君はどう思う?」「君ならどう判断する?」**といった質問を駆使することです。

以前、部下にある調査でレポートを提出するように命じて本人がアウトプットを持ってきたときのことです。部下からの一通りの説明を受けた後に私はこう質問しました。

私「このレポートを君が後輩から受け取ったとしたら、君はどう判断する？」

部下「そうですね。……判断できません」

私「調べた本人が判断できないようなレベルだと、直接調べていない私は判断できないよね」

それ以来、その部下にはできるだけこの質問を投げかけるようにしたのですが、まもなく部下はどうなったのでしょうか。

ハイそうです。「私ならこう判断します」「こう思います」と私が質問する前に結論を述べるようになっただけでなく、依頼業務のアウトプットの品質が格段に上がりました。

当然です。それまで判断業務は上司がするものだと思っていたのが、自分に判断を求めてくるようになるわけですから、中途半端な仕事ぶりで済ますわけにはいかなくなるのです。

３つ目の関りは**「事実を把握させる」**ことです。

セルフマネジメントのベースとなるものは、「自分で考えよう」とするマインドですが、これだけでは空回りすることが少なくありません。

自分でPlan-Do-Check-Actionを回して効果を上げるには、他人に頼らず「自分で事実を確認する」「自分で考えるための分析能力、洞察力を高める」というスタンスが必要となります。それではじめて、より複雑な問題を解決することができるようになるのです。

また、部下の業務遂行レベルが上がってくると、報告などの場面で、論理的に語ろうとするあまり、事実と推論をごっちゃに説明して上司の判断を惑わしてしまうことがあります。論理的に結論にもっていこうとすれば、辻褄合わせが必要となり、不確かなことを補完するための自分の考えを盛り込むことになります。

事実なのか、自分の考えなのかをはっきりさせるように指導しましょう。

5 「人事評価」制度を日々の仕事に使う

あなたは制度として実施している「人事評価」は何のためにやっていると考えていますか？　次の４つの選択肢から最もしっくりくるものを選んでください。

①「社員の年度の働きぶりを確認し、昇給や昇格といった形で報いていくために社員をランクづけするため」

②「社員の能力開発を促すために人材としての現状や成長状況を確認して、育成課題を明確にするため」

③「期末の社員の仕事状況を振り返り、次期課題を特定し、動機づけをはかるため」

④「社員の給与などの処遇を決めるために仕事貢献度などの必要データを収集するため」

管理職研修でこの質問をすると、答えはバラツキますが、「すべてが正解」です。

「人事評価」は人材マネジメントツール

「部下育成はまず何から始めればよいか？」という質問を新任課長から受けることがあります。

統括部署に課せられたミッションの完遂を目指す課長にとって部下育成とは、**部下個々人の「あるべき姿」（期待像、要求する姿）に近づけようとする取り組み**です。

とすれば、課長が最初にしなければならないのは、部下に「どんな成果を出し、どういう行動をとり、どのような能力を発揮してもらいたいか」という期待を明確にすることです。

そしてその「あるべき姿」に照らして、日々の職務遂行の中でどれほど実現しているかの現状確認をしながら、指揮・指導する行為が育成といえるでしょう。

これこそ、人事評価ではないでしょうか。

会社が制度化している「人事評価制度」は、期初に上司が今期の期待（あるべき姿）を部下と話し合い、期末に実績と照らし合わせて、成績を決める仕組みですが、1年や半年ごとに行う「査定」というより、日々の指導結果を積み上げたものを人事評価としてまとめる作業です。

「人事評価は資料作りや部下面談で、労力がかかって負担が大きい」という課長がいますが、それは半年（1年）を一気に振り返って、無理やり成績をつけようとするから悩む時間が増えるのであって、日常の指導を記録する習慣があればそれほど時間はかかりません。

人事評価制度は会社から授けられた非常に強力なツールです。先に記した4つの目的（特性）を十分理解し、使いこなせるようになるか否かで人材マネジメントの巧拙が決まってきます。

評価に「納得できない」4つの理由を取り除く

とはいえ、人事評価は「諸刃の剣」でもあります。

客観的なデータや事実にもとづいて判断するのが人事評価の基本ですので、評価者は客観性を確保しようと、エビデンス（証跡）の収集に関心が向かいますが、部下が納得する評価ができるか否かも人材マネジメント上の重要なテーマです。

いくら客観的なデータを押さえていたとしても、普段からあまり会話のない関係性だと恐らく部下は「自分のことをどれほど分かっているのか」という疑念がぬぐえないでしょう。

「評価に納得できない」理由は4つあります。

1つ目は（これが一番大問題ですが）、**「期待が不明確」**なことです。

そもそも論ですが、評価期間の期初に成果、能力、行動、態度などの面においてどういう期待をしているのかが不明確な状況で、期末を向かえて、「こういうことが足りなかったね」という評価フィードバックをすれば、部下はどう思うでしょうか。

「それなら期初に言っておいてくれれば、意識してやったのに」と思うはずです。特にゆとり以降世代は「予め分かっていること」はきちんとやる世代でもあります。

期が終わってから指導したのでは、改善は来期になってしまいますが、期初に伝えておけば、当該年度で実現する可能性が高くなります。

2つ目は**「実態把握が不十分」**なことです。

直属の部下であっても物理的に離れた場所で勤務していたり、すれ違いが多かったりで接触回数・時間が限られている場合は、報連相のルールを徹底したり、最近では連絡を取り合う手段は様々あります。計画的に個人面談の機会を設けたりするなど相応の努力が必要です。

3つ目は**「日頃の指導が不十分」**なことです。

これは、２つ目の理由と重なることですが、部下との接点が少ないと指導の回数も限られますし、逆に日常的に顔を合わせていたとしても、具体的な指導がなければ「何も指導・支援がなかったのに評価結果だけ伝えられた」という後味の悪さを残してしまいます。

ゆとり以降世代はかまってほしい世代でもあります。**「君のことはいつも見ているよ」**というメッセージは重要なのです。

４つ目は**「評価の根拠が不明確」**なことです。

これは納得性以前の問題であり、根拠がない評価は部下に不満を持たせるだけでなく、不信感を増幅させるに十分です。また、本人の自己評価をもとに上司が評価する制度だと、実態が分からないので部下の自己評価を無条件に認めざるを得なくなります。

さらに、上司の二次評価や評価調整で成績のランクを下げることになった場合は、説明のしようがありません。

評価への不満のほとんどは評価制度上の問題ではなく、まずはマネジメント上の問題と捉えるようにしましょう。

6 「行動／能力評価」の方法

あなたは、人事評価で部下の行動／能力をきちんと評価していますか？

人事評価では「成果」と「行動／能力」を評価大項目としています。「成果」は評価期間の期初に業務目標を立て、期末に達成状況を評価する目標管理方式です。

「成果」は期末時点の結果（状態）を評価するので、期初に設定された目標が明確であれば、評価するのはそれほど難しいことではありません。

一方で「行動／能力」は、会社が予め設定した評価基準に対して、評価期間中に部下がどのレベルで行動がとれていたか（能力を発揮していたか）を評価する方式です。

部下がとった行動を抽象化された評価基準に照らして評価するので、成果評価より難易度が高くなります。

行動評価基準を翻訳することから始まる

成果評価は「何を」「いつまでに」「どのレベルまで」といった目標を個別に設定しますが、「行動／能力評価基準」は多くの社員に共通に適用できるよう抽象化された定義であるために、**実務に置き換える必要があります。**

例えば「顧客志向性」という評価項目が「顧客ニーズを満たすために、自ら積極的に対応策をとる行為」という定義だとします。

評価者は部下に「君に任せている顧客A社の購買担当者にどんなニーズがあるのかを聞き出し、受注につながる行動をとったかどうかを評価するよ」というような〝翻訳〟までしなければ行動評価を行う人材マネジメント上の意味がありません。

上司として部下にやってもらいたい行為を行動評価基準に照らして説明し動機づけするからこそ、組織活動が効率的に進められるのです。

成果が出なかった補填措置として、翻訳どころか内容の確認すらしていない行動を高めに評価して、部下の機嫌をとるような行為（寛大化傾向といいます）は、禁じ手です。

初年度は部下にいい顔ができるかもしれませんが、次からは上司の威厳が保てなくなるばかりか、部下になめられ、思うような指導ができなくなってしまいます。

行動評価が必要な3つの理由

行動評価が必要な理由は３つあります。

１つは、部下のパフォーマンスを「成果」（業績）という側面だけでなく、**多面的に見ることができる**ことです。

①「好ましいプロセス（行動）を踏んで、成果が出ている」
②「やるべきこと（行動）をやれていなくて、成果が出ていない」
③「やるべきことをやってないのに、成果が出ている」
④「好ましいプロセス（行動）ができているのに、成果が出ていない」

という４つの側面から部下を見ることができれば上司の評価能力はレベルアップします。

２つ目に、**より深いコミュニケーションをとるのが可能**となることです。

右記①②の場合、評価は明確ですが、③④はどう評価すべきでしょうか。

正解はないのですが、実際の行動と成果についての相関性を確認・検討するよい機会になりますし、「どう評価するのか」のルールを部下や上司とともに議論することも有用でしょう。

３つ目は、日常から意識できる**「評価負担を分散できる」**ことです。

行動評価の実施によって、日頃から評価を意識して部下を見る習慣がつくと、評価すべき行動事例が蓄積されるので、評価をつける期末や期初の負担が軽減します。

また、成果だけで評価するのは単純ですが、会社（組織）への貢献度を評価するとした場合（本来はそれが目的のはずですが）に、②③④の中で見落としている部分を見つけ出し、客観的な評価を可能とします。

評価制度が抱えるリスクを最小化する

「評価」に関するリスクは、行動評価を実施することによって軽減できる可能性があります（もちろん運用次第ですが）。

「やったのに評価されない」や「やってないのに評価された」という不公正感、不公平感が蔓延すると、『やってもやらなくても同じ』という組織崩壊のリスクが現実化します。

また、〝組織への不信〟や〝組織との関係のこじれ〟が生じ、ひいては離職のリスクが生じます。

こういった組織マネジメントの中で想定されるリスクが行動評価を実践する過程で部

下との、あるいは部下同士のコミュニケーションに深みを持たせることができるようになります。

まとめると、行動評価をしっかりやることで、評価の意味・目的である「処遇」、「育成」、「文化」（イノベーション）、「役割分担」、「部下との距離」（信頼関係）、「意欲向上」というメリットを最大化することが可能となるのです。

7 行動評価をPDCAに活用する

行動評価に関する面談は、「期待の伝達」「行動の把握・見極め」「評価のフィードバック」の3種類（ステップ）です。

この中でも特に「期待の伝達」と「行動の把握・見極め」の面談は、行動評価の品質を左右するという点で重要な位置づけとなります。

「期待の伝達」なくして行動評価なし

実際の手順は、まず期初に「期待の伝達」を行います。

前述のように自組織の業務に合わせて翻訳を行いますが、次のようなポイントで整理してみてください。

まずは組織の目標達成・戦略実行に重要となる**「業務の洗い出し」**を行います。

定例業務、定型業務、突発的な業務、例外業務という区分で網羅的に洗い出します。

次に**「各行動評価項目に合致する業務を設定」**します。

ここで注意したいのは、主軸は「会社、・組織」であって、「部下本人」ではないということです。本人の成長を考えるあまり、組織目標・戦略とあまり関係のない業務を設定してしまうと、部下の評価はよいが、組織の目標が未達のままという、上司に説明しにくい状況が発生してしまいます。

そして**「その業務における評価に値する具体的な行動を描写」**（インパクトを与える行動）します。

できれば「成否を分ける行動」まで特定できると、実際のパフォーマンスが上がるでしょう。

ここまで整理しておくことができれば、部下への期待（等級や役割によってレベルは異なる）は伝えやすくなるのではないでしょうか。

「行動の把握・見極め」

期中は「行動の把握・見極め」です。

部下の行動を把握するには、普段から仕事ぶりを直接把握する方法と、面談で本人から話を聴いて把握する方法の2通りがあります（第三者からの情報提供という手段もありますが、それはあくまで参考です）。

仕事中の行動を把握するためには（特に普段、部下と行動を共にする機会が少ない場合）、

①予め行動の確認ポイントを設定し（評価基準の翻訳）、

②その行動を確認しに行き（PDCAの確認）、

③サポートやフィードバックを行い（上司として支援）、

④成長や再現性を確認する（課題への対応）のステップでアクションを起こします。

行動の確認ポイントの設定では、事前に翻訳した業務内の行動について（突発・例外業務は想定の範囲内で）、部下1人ひとりについての確認ポイントを決めておきます。

この行為は行動評価の回数を重ねるたびに行動例を辞書化してノウハウにしていけば、後年の評価が楽になります。

次に具体的に行動を確認する際は、行動そのものだけでなく、**「なぜその行動をとろうと思ったのか?」「狙いは何だったのか?」**という意図性を確認します（Plan）。

次はDoです。**「実際にとった行動は?」「どうやったのか?」「そのためにどれだけの準備や努力をしたのか?」**という質問になるでしょう。

Checkは**「行動の結果、課題や成功要因を振り返っているか?」**になるでしょう。
Actionでは、**「次回の改善点やさらなるチャレンジを認識しているか?」**となります。

こうしてPDCAの揃った行動がとれているかどうかが確認できれば、かなり深いレベルで部下の行動を明らかにできます。ここまでを定着させるだけの指導ができれば、部下の成長は間違いなく加速します。

8 面談で部下の仕事ぶりを見極める

前節はどちらかといえば、普段から仕事ぶり（行動）を直接把握することに主眼を置いていました。

しかし週に1、2回しか顔を合わせない営業担当者や、遠隔地に常駐していたり、リモートワーク（在籍する会社のオフィスに出社せず、自宅やレンタルオフィスなど、会社から離れた場所で業務を遂行する勤務形態）などでは、面談で本人から話を聴いて把握する必要があります。

面談の基本4ステップ

面談で部下の行動を把握する場合には、部下の話を聴くことに重点を置き、そのときの行動や考え方を確認していきます。

【ステップ①】物理的・精神的に話しやすい場を作る

面談に際して話しやすい場作りをするためには、**「安心」**を確保するために、まず物理的な場が必要です。例えば、

- **静かに話せる場所**
- **外に会話の内容が漏れない場所**
- **十分な時間（30分以上）**

といったシチュエーションです。

私がクライアントに訪問する際は、ちょっと早めに到着するようにし、現地近くのカフェで時間調整することを習慣にしていますが、他の客がいる席で評価面談をしているところを見かけることがあります。これは絶対にやめましょう。

次に部下を**「尊重」**していることを示すための精神的な場作りとして、

- **事前に面談予定を通知**
- **評価面談への集中**
- **ねぎらいの一言**

がほしいところです。

慣れないうちは評価面談で上司は緊張しますが、部下はもっと緊張するものです。心や書類（エビデンス）の準備もあるはずです。ちょっと時間が空いたからといって「じゃあ今から面談やろうか」などと不意打ちをせず、きちんと事前にスケジュールをとりましょう。

面談中は余程の重要なことがない限り、スマホをいじったり、邪魔が入らないように段取りを組んでおいてください。

評価面談後の社内アンケートなどを見ると「ねぎらいの言葉すらなかった」という意見が少なからずあります。例え褒めるべきところがない部下であっても、ねぎらうことはできるはずです。

【ステップ②】部下の心理を理解する

私が評価者研修の講師をしているときに聞く最も多い悩みの1つが、**「部下が自分のこと（自己評価）を過大または過少に話してしまう」**ことです。

例えば、次のような心理が部下にはあることを理解しておきましょう。

「ロジカルに話したい」

論理的に話そうとして、成功ポイントだけをつなげた綺麗な成功談になってしまうことが少なくありません。「論理的に話せる自分を評価してほしい」という心理もあります。ロジカルシンキングを確認する場ではないので、**率直に論理性を気にせず話してもらう**ように諭しましょう。

「自分を安心させたい」

わざと過小な自己評価を話して「そんなことないよ、と言ってほしい」という心理が考えられます。また「上司の口から部下自身の長所や課題を言ってほしい」という他者の評価を頼ってしまう心理もあります。部下には自己評価を十分に話させるように仕向けることが重要です。

「上司を試したい」

「上司は本当に自分のことを普段から見ているのだろうか。過大／過少な自己評価を伝えて試してみたい」という、「もっと自分のことを知ってほしい」、「見てほしい」という心理です。私が社員インタビューでこの手の心理を確認したのですが、ゆとり世代以降でこの傾向は顕著なようです。

こういうタイプには**普段から頑張りや課題を見ていることを伝える**ようにしましょ

う。

【ステップ③】話を聴く（傾聴）／引き出す（質問）

部下の話を聴くポイントは次の5つです。行動の説明だけでなく、本人による自己評価をしっかりと聞くことに注力しましょう。

- **8割がたは部下が話す場だと心得る**
- **評価基準に該当する具体的な行動をエピソードで聴く**
- **1つのエピソードで複数の評価に該当する場合も想定する**
- **行動の説明だけでなく、部下による自己評価も聴く**
- **その場で評価はしない（頑張りはねぎらう）**

【ステップ④】部下の行動確認（事実と願望、思い込みの切り分け）

部下の話を聴く際に、事実と本人の願望や思い込みとの切り分けが面談の成否を決めるといっても過言ではありません。

次の2つのポイントで確認していきましょう。

１つ目は、上司が納得いくまで、その行動の場面を掘り下げて聴くことです。頭に映像が浮かんでくるくらいまで流れを追っていき、ポイントを作って掘り下げます。

「どこが特に大変だったたか？　苦労したことは？　こだわった点は？」
「（上司から見て）○○が大変だったと思うが、どうやったのか？」
「あなた自身はその中で何をやったのか？（ＰＤＣＡ）」
「具体的に教えてほしい（５Ｗ１Ｈ）」

２つ目が、直接見た行動や結果と突き合わせて確認することです。

事実と願望／思い込みの切り分けは、本人のためでもあることを諭しましょう。

また、行動の確認の際、外部環境の幸運さや偶然の行動ではなく、行動に意図性があったか、そして再現性があるかなどを確認することが重要です。

意図性や再現性の確認方法は前述の「行動の把握・見極め」のＰＤＣＡと同じです。

9 信頼関係を深める3つのアクション

面談を有意義な場にするには、大前提として、**部下について多くのことを知っていないといけません。**

私は研修で受講者の課長に、次のような「部下1人ひとりについて知っていることリスト」を考えてもらいます。試しにあなたもチェック（内容確認）してみませんか。

- □部下の強み／弱み、得意／不得意なこと
- □部下が好きな仕事／あまり好きでない仕事
- □部下の今／最近のモチベーションやストレスの程度
- □部下が最近、仕事で成功したこと／喜びを噛みしめていること
- □部下が今、仕事でチャレンジしていること／しようとしていること
- □部下が今、楽しみにしていること／緊張していること
- □部下が今、力を入れて勉強していること／練習していること

□部下が半年前・３カ月前より成長していること／変わってきていること
□部下が次に／将来やりたいと思っている仕事
□部下自身が認識して（くれて）いるチーム内での役割
□部下が上司に話したいこと／組織について考えていること
□部下が感じている一体感／疎外感
□部下が今の自分を形作っている過去の大きな成功体験／失敗体験
□部下が大事にしている価値観・信念・美学
□部下が持っている力の「１００％発揮」を阻む障害
□部下がストレスを発散する方法／リラックスする方法
□プライベートでのイベントや趣味など

部下に成長の気づきを与える

部下自身によって「成長の気づき」が生まれるには、部下の自己認識のレベルを把握しなければなりません。

上司から見た現状のレベル（現実）に対して、部下自身の自己認識が低すぎる場合は、フィードバックをして調整する必要があります。

逆に高すぎる場合は、**現状レベルを確認した上で、目指してほしいレベルを伝えること**がポイントとなります。

自己認識が低い／高いままでは、努力の方向性や頑張り方、勉強の仕方、経験の積み方など方法論を間違う可能性もありますし、モチベーションや競争意識にも影響が及びます。

成長の気づきは、正しい自己認識があって得られるものなのです。

部下との信頼関係を深める

部下との間で信頼関係が深まるのは**「任せる」「見ている」「聴く」**の**3つのアクション**によります。

まずは部下に**期待を込めて任せた仕事については、特に面談時に進捗や感想などを求める**ようにします。期初に任せた仕事であれば、少なくとも期末には「かけた期待に応えてくれたのかどうか」くらいは確認することを忘れないようにしましょう。

次に、部下にとって「見てくれている」と感じるのは、必ずしも会っている頻度や時間だけではなく、**部下の変化を見ているか**どうかが大きいことを知っておきましょう。

先日ある会合でゆとり以降世代の方々にインタビューしたときに「上司に見てもらいたい」という発言が多発しました。

スキルが上がったときなどに**「調子いいね！」**、ちょっと停滞しているときに**「どうした？」**、成長した実感があったときに**「頑張ったね！」**という言葉がけがほしいという話でした。

ですから**部下の変化**を把握し、意識的に伝えるようにすることが重要です。

３つ目の「聴く」ことですが、これは単に上司が話さずに耳を傾けるというだけでなく、上司自身の価値観で判断せず、聴くということです。

相手に興味・関心を持つことを基本として、「うなずき」「あいづち」「繰り返し」のスキルを意識し、適切な質問をし、表情や姿勢を整え、部下の言葉足らずを補い、話の要約・整理や状況によっては提案・提示するなどを心がけます。

いくら忙しくてもスマホや携帯を見ながらやパソコンを打ちながら相手の話を聞くようなことはしないようにしましょう。

10 これからの課長に必須の「キャリア・コーチング」

マネジメント3・0における人材開発では、部下の能力開発だけではなく、キャリア開発支援が求められます。

つまり課長がいま最も身につけなければならない重要スキルは、キャリア・コーチング力なのです。

具体的には部下と対峙してこれからのキャリアを真剣に考える機会を作ることです。

「意味ある会社人生を歩めているか？」

「これから、意味ある会社人生を歩むためにはどうするか？」

このような問いには正解はなく、本人にしかできないことですが、コーチのファシリテートなくしてなかなかたどりつかない境地でもあります。

そう、キャリアを開発するとは、1人ひとりが、自身の「使命」（信念、美学・・・）を実現していくことに他なりません。

「使命」という木の根っ子があるからこそ、枝葉である「昇進」「昇格」「異動」「資格取得」「人事評価」「役割」というものに対する理解やこだわり、成長が加速するのです。

学びの5ステップから成長のボトルネックをつかむ

上司が部下に関わるキャリア支援はあくまで部下の仕事上の成長を企図するものですが、成長を阻害しているボトルネックを「不足しているスキル／経験／知識は何か？」「学びの過程でどこに壁があるのか？」という観点からアプローチします。

学びのプロセスは**「知る」「気づく」「(一歩を)踏み出す」「変わる(振り返る)」「(周囲を)変える」**の５ステップです。

まず、「知る」ところでつまずいているのなら、上司から「目指す姿」を見せたり、会社の方針・状況、変化の必要性や背景などを語るなどのアプローチが考えられます。

次に、「気づく」で立ち止まっているのなら（キャリアイメージ・目標が描けないなど）、考えの整理を手伝ったり、率直にフィードバックしたり、ときには待つことも必要だったりします。

また、「踏み出す」がネックなら（行動が起せない、障害があるなど）、活動の場を設けたり、成功イメージを描かせたり、必要に応じて教えたり情報提供するなどがあるでしょう。

そして、「変わる（振り返る）」ができないのなら（変化／成長の実感ない、同僚との関係性など）、上司が変化を観察し伝えたり、内省を手伝ったり、認めることも必要でしょう。

もし「（周囲を）変える」が進まないなら（周囲への共有・伝承など）、教える役割を与えるのも手です。


念のため最後に確認ですが、上司のキャリア支援は、大した考えもなく「今の仕事に飽きたので次はこんな仕事をしてみたい」という部下のわがままにつき合うことでは決してありません。

部下の成長を加速させ、組織の生産性を上げるためには、「キャリア」をキーワードとしたコミュニケーションが欠かせなくなってきたということです。

11 「働き方」をマネジメントする方法

課長が担うマネジメント領域は「戦略実行」「人材育成」「労務管理」「チームビルディング」「イノベーション」「予算」「業務」といったところですが、マネジメント３・０では、ここに「働き方」マネジメントが加わります。

「何のために働き方を変えるのか？」から考える

今や「働き方改革」の文字を目にしない日はないくらいですが、**そもそも何のために「働き方」を変えるのか**、あなたは答えられますか？ **自組織に必要な「働き方」とは何か？**といった本質的な議論がなされないと、組織がおかしな方向に行ってしまいます。

そもそも必要な「働き方」は、成果を上げるための課題やメンバーの特性・状況などが違えば異なるはずです。まずは自組織に必要な「働き方」を考えましょう。

例えば、営業所の成績がなかなか上がらないという**問題意識**があるとします。その要因の1つが「営業担当者間の成績のバラつきが大きい」ということであれば、必要な働き方は「チーム全体で研鑽し合いながら働く」ことかもしれません。それを実現するために、現在のチーム制を見直したり、外出が多い担当者が社外からも参加しやすいようなネット会議を使用するという施策があって初めて現実味を帯びてくるわけです。

実現方法はチームメンバーを巻き込んで考える

理想の「働き方」をどう実現させるかの検討については、組織のメンバーを巻き込んで　アイデアを出しながら検討するようにしたいところです。巻き込むことでメンバーの意識変化・育成にもなりますし、課長だけが抱えて1人で考えてうまくいくとは思えません。

次のような5つの視点で考えましょう。

① **ルール**：組織内で皆でルールを決めることで、実現や変化につながることはないか？

② **プロセス**：非効率さの改善や、メンバー間や他部署とのコラボレーション強化等にもつながるプロセス見直しができないか？

③**ＩＴ**：メンバー間の情報共有や離れた場所のメンバーとの協働等、ＩＴをうまく使えないか？

④**コミュニケーション**：メンバー間のコミュニケーション強化や会議の改善によって実現できることはないか？

⑤**ファシリティ**：ちょっとした打ち合わせスペースや作業スペース、カフェ＆談話スペースの用意や職場の整理整頓などで変化は生まれないか？

評価軸を定めて進捗・変化をメンバー間で可視化する

「働き方」改革の進み具合を可視化するために、組織で評価軸（ＫＰＩ）を決めてモニタリングをしていきます。

ただそこで注意しないといけないのは、**「集計に労力を割かないこと」**と**「一目で分かること」**です。評価軸はシンプルなものしなければ続かないからです。

以前私がタイムマネジメントのコンサルタントをしていたとき、上司から15分単位でどんな業務に時間を使っていたかを記録し、週次、月次で集計し、分析することが課されました。会社や上司は社員の労働生産性の分析や〝タイムマネジメントコンサルティング〟というコンテンツ開発にはつながったかもしれないのですが、やらされたほうは集計が面倒で、3か月ほどで適当な数字を入れて上司に提出するようになりました。

では、どんな指標を使ったらいいのでしょうか。

「1人当たりの平均残業時間」の推移と「コア業務の時間」「成果の件数」「メンバーからのアイデア数」「コミュニケーションの時間」「集中・学習できた時間」「在宅勤務ができた時間」などとの相関性をグラフにして検討している企業もあります。

いずれにしても厳密に測定できなくても構いません。会議のときに皆の実感を聞いてみるなど、労力がかからない方向で取り組みましょう。

働き方改革に正解はありません。組織内で試行錯誤を繰り返すことが重要です。

最終的には、自組織での**〝働きがいの向上〟**や**〝働きやすさの向上〟**（この組織で働くことができてよかった！）につながることを目的にするのが理想でしょう。

ですから、会社から求められる働き方（会社が設定）と社員が希望する**働き方のすり合わせ**が大事で、社員に「無理」（挑戦・努力・学習のことではなく、働き方を無理やり周囲に合わせざる得ない等、働き方に関する「無理」）が生じたら、状況確認をするようにしましょう。

■第4章 まとめ

・部下育成は「自己啓発」×「上司の支援」×「周囲の環境」で成り立っている
・部下には研修前に動機づけし、戻ったら活用を促す
・人材育成もＰＤＣＡを回し、育成計画は部下と一緒に考える
・ＯＪＴは欲張って「成果創出」と「成長促進」を目指す
・チャレンジングな業務をアサインするなど成長を促す機会を与える
・「内省」が成長を促す支援（関わり）をする
・部下のセルフマネジメント力開発は目的／責任の共有と事実の把握
・自立を促す魔法の質問「君ならどう判断する？」「君はどう思う？」を駆使しよう
・部下個々人の「あるべき姿」（期待像、要求する姿）に近づけようとする取り組みが育成
・人事評価は最強の人材マネジメントツール
・行動評価を駆使して人材マネジメントが高度化する
・始まりは行動評価基準を翻訳することから
・「期待の伝達」がなくして行動評価なし

・部下の行動の把握はＰＤＣＡの観点で
・面談の対話の中で事実を突きとめる
・面談を〝生きた場にする〟には成長の気づきを与え、信頼関係の深化を目指す
・組織の労働時間マネジメントは、課長自身の時間の使い方の確認から
・働き方マネジメントは「何のために働き方を変えるのか？」をメンバーと考えることから始める

第5章

課長の
競争とサバイバル

1

課長になる前とは異なる競争のルール

課長になるまでの出世のルールは「昇格」でしたが、課長になってからのルールは「昇進」です。

「昇格」は社内の等級・格付け制度のグレードが上がることです（下がるのは降格）。会社によって社員の格付け思想は異なりますが、日本では職能資格制度を採用している企業が多く、経験値に裏づけられた能力の高さ（実力）にもとづいて昇格していきます。

一方「昇進」は、課長、部長などと役職ポストが上がることです（下がるのは降職）。もちろん実力が認められて昇進するのですが、ポストに空きがないと優秀でも昇進できるとは限りません。

一般社員の「昇格」は実力だけでなれる

つまりそれなりの努力をしていれば、経験値が上がり、自然と能力（実力）もついてくるので、早い遅いはあっても、真面目に仕事に取り組んでいれば管理職手前くらいまでは昇格できることになります。

人事制度が公開されている企業であれば、それぞれの階層（等級）に求められる行動や役割が定義されており、何らかの昇格審査をパスすれば上位等級に上がれるので、何をどう頑張ればいいかは分かりやすいはずです。

これからは部下から、「どうすれば昇格候補にノミネートされますか」という質問があったとき、「コミュニケーション力をレベル３で発揮してくれれば、上位等級相当だ」などと答える立場になるわけです。

昇格すれば給与水準が上がり、賞与の配分も増え、責任のある仕事にアサインされる確率も高まります。一般社員の間は、自身の成長感と昇格がリンクするわけです。

管理職になったら上司たちの多面評価が待っている

一方で課長（管理職）になると、新任であろうが10年のベテランであろうが、若いかシニアかに関わらず、横一線の同じ土俵での競争となります。

また、一般社員の時代は、上司が主な評価者でしたが、課長になると直属の上司だけでなく、**経営陣や本社幹部など様々な「目」があなたを見ています。**

そして、課長になったその瞬間から、次の部長候補の選定が静かに始まっているのです。

ゆえに新任早々、目線だけは高く持ちたいものです。ぜひ部長の目線で考えてみる習慣をつけましょう。

できるならば、考えるだけでなく、**「部長の補佐的な役割を積極的に狙いに行く」**ぐらいの気持ちで、所属している組織（部）に貢献する意思を持ちたいところです。

課長昇進は一番勢いがついているときでもあります。その勢いを止めずに進んでいくのです。

2 ５つの苦悩を乗り越える

課長になったら育成されない

課長になると、それまでの「育成対象」から、「能力・経験活用対象」となり、新任課長研修以降の教育の機会は極端に少なくなります。**自力で学習する意図をもって行動しないと知らず知らずのうちに課長群から取り残される**ことになります。

新任課長に待ち受ける「５つの苦悩」

新任課長には、５つの苦悩が待ち受けています。

１つ目は、昇進するまでの**「これまでの仕事の進め方が評価されない」**ことです。

課長はプレイングマネージャーですが、自分の担当実務よりも組織のマネジメントに評価の力点が置かれています。

もちろんこれまでの働き方が評価されて、課長に昇進したわけですが、評価対象が「個人」から「組織」になるために、成績が芳しくない部下の分まで自身がカバーする羽目になることも少なくないはずです。

2つ目は、**「自分への期待値を下げられない」**ことです。

プレイヤー時代は、勝ち組にいたことで、そのままの勢いで管理職の勝ち組にいようとするあまり、過剰なほどの頑張りで自らを追い込むことが少なくありません。

それが高じて部下にも厳しい要求を突きつけ、最悪メンタル不全に追い込むことさえあり得ます。

3つ目は、**「マネジメントのメンター（師匠）が身近にいない」**ことです。

「あなたの上司はマネジメント上手ですか」の問いを課長研修で投げかけても、YESという受講者はほとんどいません。直属の上司でなくても、先輩課長など周りにいるかと尋ねても同様です。

複雑化するマネジメントにベテラン管理職も悩み模索しているので、新任管理職といえども自力で何とかするしかありません。

4つ目は、**「右腕と呼べる部下がいない」**ことです。

昇進を機に異動して組織の長となったとき、着任した組織の部下たちは間違いなく「お手並み拝見」モードになっています。１、２回懇親会をやったからといって部下の心をつかめるわけではありません。

内部昇進でこれまで所属していた組織の長になっても同様です。昨日まで同じ仲間だった人が使用者側に回ったわけですから、余程の信頼関係がなければ、「様子見」モードになっているはずです。

５つ目は、**「冷静にしっかり考える時間がない」**ことです。

実務者としての仕事を持ったまま、いきなりその上にマネジメント業務が乗っかってきた新任課長に、冷静にしっかり考える時間など持てないというのが実感ではないでしょうか。

「新任」の看板は１日も早くおろす

こういう五重苦を抱えながらも、課長になったらすぐに成果を求められます。**モラトリアム期間は課長にはない**のです。

そのため、「新任」という看板は一日も早くおろさなければなりません。部下の立場から見ても、上司に「新任」を言い訳にされたくはありません。

可能な限り前倒しで「新任」の看板を下ろさなければ、周囲の期待を裏切るだけでなく、管理職としての資質が問われることになり兼ねません。

最初から「課長止まりの人」と考えられる社員を上司も人事部も管理職登用に推薦しません。課長として、そして経営管理者の一員として活躍する期待値が評価されて課長になったことを忘れてはならないのです。

3 「出世の法則」は本当にあるのか

出世（昇進）は本人の頑張りだけではどうにもなりません。

ポストがないと実力が認められていても上位ポジションにつけないですし、逆に実力が足りないと思われていても、ポストが空いたら登用されることもあります。

〝運〟といえばそれまでですが、運だけで出世する人などいません。

上からの強い引きがあって初めて管理職の昇進・昇格が実現します。

管理職の評価基準は多岐に渡る

そこには多くの評価項目と基準が存在します。

毎年の人事評価は当然ですが、**ここ数年の活躍ぶりや周囲からの人望の有りなし、過去の評価されるべき経験、将来性、適性、性格など総合的**です。

将来の経営者になる可能性のある人財を見極めようということなので、それくらい多面的に、厳しく、期待を込めてアセスメント（評価）しようとするのは当然のことでしょう。

管理職の（登用のための）評価項目や評価基準は、**経営環境によって変動**します。管理職人事は企業戦略の変更とそれを実行に移す組織戦略にもとづいて行われるため、事業環境の変化やM＆Aなどに伴う組織の統廃合、役員改選などの影響を大きく受けます。

さらに推薦者や任命権者の主観に近いものもあります。

末端の社員はそれを「好き嫌いで判断している。嫌われたらおしまいだ」といいますが、そもそも全くの好き嫌いで会社の幹部人材が決まるような会社など見たことがありません。右に挙げた項目のウエイトが環境や戦略によって変更になるだけなのです。

上司とのコミュニケーションで意識しておきたいこと

とはいえ、上司（経営幹部）も人間です。良好な人間関係を築くことは基本中の基本です。

そのために日常の接触で意識しておきたいことは、第1に**「組織のベクトルを合わせ**

る」ことです。

組織目標における上司のミッションや課題と自身のそれとを連動させ、目標達成に向けて相談し、ときには提言することが大切です。

第2は**「上司に興味を持つ」**ことです。

上司の強みや弱み、マネジメントスタイルなどに関心を持ち、それに対応します。上司のやり方に慣れ、上司の強みを活かすことが重要です。

課長は部下の特性に合わせて指導するのが現代の部下マネジメントですが、ボスマネジメントについても上司に合わせて対応することが求められるので（上下に合わせるのはちょっと損な役回りな気がしますが）甘受しましょう。

第3は**「上司（経営幹部）に自分のことを知ってもらう」**ことです。

会社の人事は役員が決めています。成績が優秀であるに越したことはないのですが、役員クラスの上司に対しては、少なくとも雑談が交わせる間柄になれるように積極的に話しかけたいところです。

他者を引き離すほどの圧倒的な業績を上げている場合は別ですが、似たり寄ったりの成績で、誰を選ぶかとなったら、顔の思い浮かぶ好印象な人物になるのが自然だからです。

4 部長を目指すか、課長を維持するか

突然ですが、あなたは部長に出世したいと考えていますか？

成長企業ではポストが増えるため、純粋に実力さえ示せば昇進のチャンスをつかめる確率が高いですが、そういう企業はまれでしょう。

また会社の規模は大きくなっても企業買収によるものであれば、むしろポストは統廃合されて、競争がより激しくなるはずです。

つまり部長への出世の道はこれまでとは比べ物にならないほど狭いのです。

部長に昇進する確率はどれくらい？

そうした中で部長になるには、どんなルートが考えられるでしょうか。

完全に**実力（実績）で昇進を勝ちとる**方法は、自組織を成長させて課を部に昇格させることです。これができれば自分の部下を課長に推薦することもできますし、この実績

があればさらに上のポジション候補者にノミネートされる可能性も高まります。ただ、これは難易度が高く事業環境の影響も受けるでしょうからなかなか狙えるものではありません。

現実的な昇進ルートとしては、**ポストが空いたときに滑り込む**パターンでしょうか。部長が役職定年や定年退職になり、後釜に就任するのは自然です。ただ、定年退職が近い部長の元に、課長として配属されればいいのですが、自分と年齢の近しい部長であれば、その前に昇進の賞味期限に到達してしまい時間切れとなります。

私がコンサルタント会社の役員に就任したときは、前任の取締役が退職したためで、自ら勝ちとったポジションではありませんでした。

20代で経営コンサルタント会社に転職したときなどは、２年目を迎えるときに担当顧客が開拓できず、年俸ダウンの危機に瀕しましたが、運よく（？）先輩が退職して顧客を引き継ぐことができたので、給与維持ができました。

離職率の高い業界や企業であれば十分起こりうることですが、定着率が高くポスト争いが激しい大企業では難しいことです。

その他考えられることは、大企業であれば**子会社などで関連する部署への出向**で上位ポジションに就くという方法も考えられますが、何年かして親会社に戻ってきたときに相応のポストがあるとは限りません。

最後は、転職ですが、課長から部長として転職するパターンは、業界内において1ないし2ランクぐらい下の企業になるでしょう。

また、転職先企業に元々いた課長の上のポジションに就くことになるので、外資系やベンチャー企業なら問題はないかもしれませんが、最初は成果の出しにくい状況から始めなければならないことも多いのではないでしょうか。

部長はつぶしが効かない

プレイングマネージャーの課長は、実務をこなしながらのマネジメント業務なので、リストラなどで一般社員に降格になったり、転職しても専門職として、十分に活躍できるというメリットがあります。

ところが、部長になると実務は課長以下の専門家の部下に任せており、「君たちに全面的に任せた。責任は俺がとるから、うまくやってくれ」という指導スタイルが中心だとつぶしが効きません。

ピーターの法則をご存知でしょうか。「能力主義の階層社会では、人間は能力の極限（無能なレベル）まで出世する。その結果、組織の各ポストには無能レベル（上がり状態）の中間管理職で構成され、その組織の仕事はまだ出世の余地のある有能な部下社員によって遂行される」というものです。

実務に疎くなった部長職は、まさにこの法則が当てはまりそうです。

こう考えると、無理して精神をすり減らして部長を目指すより、今のポジションで十分な実績の維持に専念する無欲の課長のほうが、長い目で見てよいと考えることもできるのです。

5 中小企業なら長期政権を築ける

会社の規模が大きいと「役職定年制度」を設けている場合があります。年齢で自動的・強制的に世代交代をはかる制度です。

管理職としての賞味期限、ビジネスパーソンとしての消費期限

管理職の「賞味期限」である役職定年制度がある場合は、課長になってからの活躍期間を計算し、キャリアプランニングすることをお勧めします。

毎年の組織目標の達成に注力するのは当然ですが、**会社の中期経営計画に合わせた中期戦略、自身の知識・スキル・経験値をどう上げていくか**など賞味期限内の活躍イメージを持ちましょう。

もちろん課長は組織業績が厳しく問われますので、役職定年年齢まで管理職で居続けられる保証はありませんが、**長期キャリアの視点を持ち続けることができれば、内外の**

様々なビジネスチャンスを捉える感性が養われます。

ひょっとして役職定年を迎える頃には、別のビジネスを起業しているかもしれません。経済的には、役職定年が適用されると給与が減額されますので、特に自分が何歳のとき、子供の進学があるのか、親の介護問題はどうなのかなどを想定しておけば、まさかのときの備えができます。

ビジネスパーソンとしての消費期限（引退の年齢）は、65歳が１つの区切りとなりますが、まだ多くの企業では定年の65歳引き上げは行っておらず、60歳超えの再雇用制度が主流です。

これは会社側からすれば、雇用契約をリセットする絶好の機会なので、50代の働きぶりによっては60歳以降の処遇を大幅に下げることが可能となる既得権です。

事実、60歳超の再雇用制度では、60歳到達前から一律○％ダウンという賃金体系から担当する仕事に応じて賃金を決める職務給的な賃金制度に移行する動きがあります。同一労働同一賃金の流れからしても当然のことでしょう。

何歳で課長になっても、「年齢は問われずに実力で勝負する世界」という話をしましたが、会社員である以上、賞味期限、消費期限があることは念頭に置いておきましょう。

中小企業なら65歳まで現役管理職を目指せる

一方、人手不足が深刻な中小企業では、管理職として長期政権を築くことが可能です。大企業管理職が早めにクールダウンしながら、高額の退職金をもらい65歳で引退するモデルだとすると、中小企業管理職は、退職金は少ないが65歳まで現役管理職として引退までバリバリ活躍するモデルといえます。

今や中小企業は大企業以上に人手不足が深刻化し、ベースアップ額は大企業より多いという逆転現象が起きていますが、実は人手不足よりも「人財不足」のほうが深刻です。労働力としての人手（非正規社員から一般正社員若手）が確保できないことが世間の話題になりがちですが、その人手をマネジメントする立場である管理職層の人財は簡単に採用できないですし、育成するにしても時間もコストもかかります。つまり現役管理職に続投してもらわなければならない状況なのです。

あなたがまだ課長になったばかりだとしても、大企業と中小企業ではキャリアの後半の戦い方、生き残り方が違うことを意識し、長期的視点で組織マネジメントとセルフマネジメントを推進していきましょう。

6 課長の自己啓発は計画性が重要

課長になったら気をつけないといけないことがあります。「自己啓発しなくなる」のです。会社で一番忙しいのが課長ですから、「なかなか勉強の時間が確保できない」という理由はよく理解できます。

ちなみに私がマネージャーだった頃はこんな毎日でした。

朝早く出社すると部下から「顧客からクレームが入っているので、一緒に訪問してほしい」と相談のメールが入っていて、早速出向きクレーム処理をして帰社すると、決裁書類が溜まっている。

午後いちで部門ミーティングがあり、事前に資料に目を通しておく必要がある。すべてのページに目を通せないまま会議に出席するが、参加者のレベルに追いつくために会議中に資料を確認しながらも何とかこなす。

自分のデスクに戻ってくると「相談があります」と部下に声をかけられ、会議室で１

時間ほどのミーティングをしたらもう17時を過ぎている。

やっと自分の仕事ができるかと思いきや、部長から「悪いが明日までにこんな資料を作ってくれ」と頼まれる。

終業間際なので、部下に頼むことがはばかれ自分で作業してレポートにまとめたときは、20時を過ぎていた……。

程度の差はあるかもしれませんが、多くの課長もこのような毎日を送っているのではないでしょうか。

緊急な仕事に忙殺される

私が講師を務めるタイムマネジメントの研修では、定番のコンテンツとして**縦軸に「重要性」、横軸に「緊急性」を設定して、高いか、低いかとしたマトリックス**を描き、どの分野に多くの時間を割いているかを質問します。

当然ですが①**「重要」かつ「緊急」**の業務が最優先で処理されます。

それでは、第2問です。

次に多くの時間を割いているのはどちらでしょうか。

②「緊急ではない」が「重要」

③「緊急」だが「重要ではない」

社内でもっとも多くの仕事をこなしている課長は、①③だけで忙殺されているのが現状です。

つまり**緊急性の高い仕事ばかりに時間の大半をとられています。**

②の重要度〝高〟、緊急度〝低〟は、重要だと認識しながらも、急ぎではないために、後回しになり、結局納期が迫ってきたり、催促されたりして緊急度が上がってはじめて手をつけることになります。

であれば、結局やることになるので問題はなさそうですが、なかなか緊急度が上がらない「部下育成」「自己啓発」はいつまで経っても手がつけられません。

むしろ重要度、緊急度とも〝低〟いために放置していたタスクの緊急度が上がって、手をつけざるを得なくなるのが実態ではないでしょうか。

研修機会が減った分、計画的に自己投資（自己啓発）する

課長が自己啓発しなくなるのは、忙しいからだけではありません。新任課長向け研修を最後に、マネジメント系の教育機会が用意されていないからです。もしあなたが自己啓発を重要度〝高〟、緊急度〝低〟と位置づけているなら、学習計画（人脈作りや経験値向上含む）を立て、しっかりスケジュールの中に組み込みましょう。

それでも女性は美容や健康含め自身の活動費を自己投資に当てる傾向がありますが、男性は飲み代などの遊興費という消費に充ててしまいます。

子供の教育費がかかるようになると、お父さんのお小遣いが真っ先にカットの対象になるのは、家計では冗費（無駄な費用）扱いだからです。

将来のリターンを狙った「投資」だと自信を持って勉強代を請求すれば、奥さんも理解を示してくれるのではないでしょうか。

7 管理職の９割は「部下なし管理職」

新任課長の場合は、昇進を決めた上層部の任命責任があるので、余程のことがない限り１年くらいでのダメ出しはありません。したがって就任２〜３年程度は、組織長として腕を振るうことができるのが一般的です。

しかし、管理職ポストは実力の世界です。ポストを外れて（異動）、組織の責任者でなくなることが日常的に起こり得ますが、そういう場合の多くは「部下なし管理職」として管理職プールに入り、復活を窺うことになります。

「部下なし」が管理職の最終到達地

管理職は定員制ですから、外れて部下なし管理職というのは分かりやすいのですが、実際は複数のルートがあります。

例えば、組織の統廃合により単純にポストの数が減少し、押し出されるケース。本人の業績が振わなかったり、不祥事があり、責任者ポストを追われるケース。そこそこの成績で頑張ってきて管理職へ昇格したが定員の関係で課長ポストが与えられなかったケース。最近だと女性活躍推進の積極性を内外にアピールしようと、女性管理職比率を上げるために部下なし課長に昇格させるケースなどがあります。

日本の企業はまだまだ年功序列的な人事運用をしているので、頑張って昇格してきた社員を肩書で報いてモチベーションの維持を狙います。管理職ポストが限られるのと、下から毎年昇格してくる人数がいるので、管理職全体に占める「部下なし」の割合が増え、実質的に管理職の最終到達地となっています（詳しくは、拙著『部下なし管理職が生き残る51の方法』を参照ください）。

部下なし管理職になったらどうする?

部下なし管理職は、組織責任者でもなければ、部下をマネジメントする必要もありません。にも関わらず給与は正管理職と遜色がないレベルです。個人の業績責任は大きいでしょうが、考えようによっては**おいしいポジションのようにも思えます**。

ところが、多数の部下なし管理職（特に部長クラス）は人件費的に採算がとれていない人が多く、会社が業績不振でリストラを余儀なくされる際、**真っ先に雇用調整リストに載ってしまいます**。いわば「会社業績連動型社員」といえるでしょう。

ですから「自分は正管理職じゃないから」などといって新たな仕事を避けるような言動をしていると、組織内での立場が厳しくなってきます。

3つの働き方

部下なし管理職には、右記のようにリストラされやすい人もいれば、大活躍している人もいて、一概に論じることはできません。ただ、活躍している人はおおよそ次の３つに分類できます。

１つ目は、実務担当者として、**自身に与えられた業務で確実に成果を出し続ける人**です。例えば営業であれば個人成績が一般社員の１・５倍あったり、スタッフ系であれば法務や人事、経理、情報システムなど他社でも通用するような専門性を深め、「スペシャリスト」といわれる地位を確立している人などです。

２つ目は、これまで積み上げてきた経験・専門性をもって、**会社から与えられた特任**

業務を遂行する人です。

組織化するほどのレベルではない特任業務であれば、部下を与えられなくとも、一定の責任と権限は与えられます。結果がよければそのまま組織化（課の創設）が許されることもあり得えます。

また、特任業務は責任者の正課長の配下（課員として）で遂行することよりも、部長や役員直轄の仕事が多いので、テーマや状況によっては意外と課レベルの予算が与えられる可能性もあります。


3つ目は**正課長のサポート役になる**ことです。

正課長は多忙なので、本来もっと時間をかけてなくてはならないマネジメント業務がやり切れていません。

組織として対応しなければならないマネジメント業務をうまく分担して正課長の負担を減らしながら組織目標に取り組んでいる人に対して、若手たちの信頼は厚いものがあります。

8 どうしてもきつくなったら

課長になったら困ったときの相談者が少なくなります。

もう少し正確にいうと、「小さくても組織の責任者になったのだから、**可能な限り自分で何とかしよう**」という発想になります。

昇進するまでは信頼している上司や先輩に相談することが多かったかもしれませんが、管理職の世界に入ったとたんに出世のルールが変更になるので、たとえ上司であっても弱みは見せたくないという心理も働きます。

「上司に相談ばかりする課長は恐らく評価されないだろう」とも考えてしまいます。

確かに新任課長は就任時（３か月くらいでしょうか）、上司をはじめとする上層部から**「新たな環境に柔軟・迅速に適応できているか？」**と見られます。

ではどうすればいいのでしょうか？

答えは簡単です。経験が必要な場面では、上手に人を頼ることです。ベテラン課長ですら忙しいのに、特に課長就任３か月くらいは、後任への引き継ぎや前任からの継承などやるべきことがてんこ盛りです。上司や本社スタッフ、人事担当者を頼ることで、いち早く、自分が新たな環境で動けるよう、自分にとってのフィールドとリソースを揃えることが先決なのです。

問題社員というキャラが現れる

大きな仕事の受注や大クレームの処理など、対外的な問題解決によって経験値が上がることは望ましいことですが、味方である自組織から裏切り者が出るケースがあります。問題社員が出現するのです。

「問題社員」問題は2種類あります。

1つは会社のお金を横領したり、備品を盗んだり、セクハラに走ったり、いわゆる法的な問題を起こす社員への対処です。

法的な問題なので自分であれこれと勝手な判断をせずに、人事部や法務部など発生した問題の関連部署や上司、顧問弁護士に相談することです。経験がない新任課長は驚くでしょうが、会社や人事部にとって「問題社員」問題は決して珍しいことではないので速やかに専門家と相談しながら対処しましょう。

もう1つは、「能力不足社員」問題です。

課長に限らずですが**「自分ができたのだから他人もできるはず」**という思考で対処するのは間違いです。仕事ができるから課長に昇進したのであって、「私にもできたのだから、頑張れば君にもできるよ」といったところで「課長だからできたのですよ」というやりとりになってしまいかねません。

人の上に立って指導するとは、能力不足でも何とか仕事ができるようにすることだと心得ましょう。

できる仕事を見つけてやらせてみて、できたら褒め、少しずつストレッチさせていく部下育成の基本から取り組みましょう。

ただし、中には課長の努力ではどうしようもない部下が出てくることもあり得ます。どう考えても無理なレベルならば、人事部と相談して具体的な対処法を考えます。

部下のメンタルヘルスだけでなく自身も気をつける

メンタルヘルス問題は多くの企業で取り組みが進み、ストレスチェックの導入もあり、心の病に対する認識は高まっています。

課長は部下の行動や態度発言をよく観察して精神状態を常に把握すると共に、部下同士のコミュニケーションを活性化させ、〝異常〟を察知する体制（お互いが気配りし合える雰囲気）を早く築いていきましょう。

そして、「おや?」と思ったら速やかにメンタルヘルスの専門部門に相談するなどの対処をしましょう。

現在は「働き方改革」のおかげで、「若い人材を働かせ過ぎないように」ということで残業を削減する方向で動いていますが、そのしわ寄せが課長にきているのが実態です。

私は、業務負担が課長に集中し、部下のメンタルヘルスをマネジメントする立場の課長自身がメンタル不調にならないかと心配しています。

実は私もサラリーマンコンサルタント時代に鬱状態に陥ったことがあります。

社長と方針等で意見が合わないことが多くなり、部下に任せていた顧客で理不尽なクレームが発生したりなどのトラブルが重なり、メンタル不調をきたしました。

朝が起きれなくってきたので、会社に泊まって夜中まで仕事をしていましたが、寝不足で効率が悪く、仕事がなかなか終わらないといった悪循環に陥りました。

結果的に会社を退職し、精神的な負担がなくなったことで（別途、経済的な不安はありましたが）復活しましたが、自分が大企業の課長だったら、退職の決断をしていなかったかもしれません。


第2章6節で、最初の半年は公私ともに環境が激変するので、心身のバランスを保つことが重要だとお話ししました。

自分の経験も踏まえて強く思いますが、精神的に厳しくなったら（追い込まれたら）上司や人事、外部の専門家などに相談しましょう。つぶれてしまったら元も子もありません。家族がいればなおさらですよね。

■第5章　まとめ

・課長までの昇格は人事評価、課長以降は多面評価
・「初任」の看板は早く外さなければ、マネジメントのポテンシャルが問われる
・管理職は総合的に評価される。上司との関係性も重要
・部長への出世は確率が低い、課長維持と天秤にかける価値がある
・大企業では管理職任期は短いのでクールダウン準備が必要
・中小企業は65歳まで長期政権を築ける
・重要性〝高〟で緊急性〝低〟の領域の仕事は計画的に進める
・管理職になったら研修の機会が減るので、自己啓発は積極的・計画的にやる

おわりに

あなたの会社では「働き方改革」はどういう状況でしょうか。
私がここ最近、よく耳にするのは、「残業が少なくなってよかった」ではなく、「仕事がやりにくくなって、手取り収入が減った」という声です。中には「働きにくさ改革ですね」という方もいます。

本書でも再三、「課長が働き方改革の一番の被害者である」と述べました。組織の残業を減らすために、残業代がつかないプレイングマネージャーの課長が、本来なら部下に任せたい仕事を自らが引き受けて過重労働になっています。

また、課長に次ぐ存在であるリーダー層の人たちも、責任ある立場であるがゆえに、業務を安易に削減することができずにおり、残業削減の指令を受けて、サービス残業化している実態があります。

実際の仕事量が減っていないのに手取り収入が減るという最悪の結果になっている例は決して少なくないと思われます。

課長は現実に会社を支えている中核人財であり、それに結婚や子育てなど公私ともに忙しく、働き・貢献に見合った収入を確保しなければならないはずです。

一方で、「物欲がない」などといわれるゆとり・さとり世代は、まもなく会社の実務の中心になるわけですが、もともと給与よりも休みを重視する傾向があり、「働き方改革」を最も享受しているように見えます。

20代といえば、仕事にのめり込んで、チャレンジし、失敗する中から経験値を高めていくことで、社会人としての成長につながるということを我々は経験的に分かっていますが、それを公言することがはばかれる風潮になっているのが残念でなりません。

「働き方改革」時代に課長が部下に対して常に意識しておきたいのは、成長を感じられる仕事の与え方と、働くことの楽しさ、喜び、働き甲斐をどう伝えるかではないでしょうか。

これができると、課長のマネジメントは確実に楽になります。

もともと日本では「働くとは、傍《はた》を楽にすること」というように、労働が尊いと考える国だったはずなのです。

■著者略歴

麻野　進（あさの・すすむ）

株式会社パルトネール代表取締役。組織・人事コンサルタント。

大阪府生まれ。組織・人事専門コンサルティングファーム取締役、大手シンクタンクでのシニアマネージャーを経て、現職。全日本能率連盟認定マネジメントコンサルタント、特定社会保険労務士、早稲田大学大学院非常勤講師「人的資源管理」担当。

規模や業種を問わず、組織・人材マネジメントに関するコンサルティングを展開し人事制度構築の実績は100社を超える。また年間1,000人を超える管理職に対して組織マネジメントの方法論を指導している。

入社6年でスピード出世を果たして取締役に就任するもほどなく退職に追い込まれた経験などから、「出世」「リストラ」「管理職」「組織労働時間マネジメント」「50歳からの働き方改革」を主なテーマとした執筆・講演活動もおこなっている。

主な著書に『最高のリーダーが実践している「任せる技術」』『部下に残業をさせない課長が密かにやっていること』（以上、ぱる出版）、『ポジティブな人生を送るために50歳からやっておきたい51のこと』（かんき出版）、『部下なし管理職が生き残る51の方法』（東洋経済新報社）などがある。

本書の内容に関するお問い合わせ
明日香出版社　編集部
☎(03) 5395-7651

課長《かちょう》の仕事術《しごとじゅつ》

2018年　4月　24日　初版発行

著　者　麻《あさ》野《の》　進《すすむ》
発行者　石野栄一

〒112-0005 東京都文京区水道2-11-5
電話 (03) 5395-7650（代表）
(03) 5395-7654（FAX）
郵便振替 00150-6-183481
http://www.asuka-g.co.jp

明日香出版社

■スタッフ■　編集　小林勝／久松圭祐／古川創一／藤田知子／田中裕也／生内志穂
営業　渡辺久夫／浜田充弘／奥本達哉／野口優／横尾一樹／関山美保子／藤本さやか　財務　早川朋子

印刷　株式会社文昇堂
製本　根本製本株式会社
ISBN 978-4-7569-1965-6 C0036

編集担当　田中裕也

ISBN978-4-7569-1956-4

部下も気づいていない
「やる気」と「能力」を引き出す教え方

佐々木 恵／著

B6 並製　248 ページ　本体 1500 円＋税

一生懸命教えているのに伝わらない、言うことを聞いてくれない、一生懸命教えたはずなのに、部下が辞めてしまう。

そんな悩みを持っている人のために、「教え方のイロハ」をわかりやすくまとめました。「技術」や「知識」を教え、相手の「やる気」を引き出す方法までを網羅した一冊です。

ISBN978-4-7569-1893-2

リーダーの 一流、二流、三流

吉田 幸弘／著

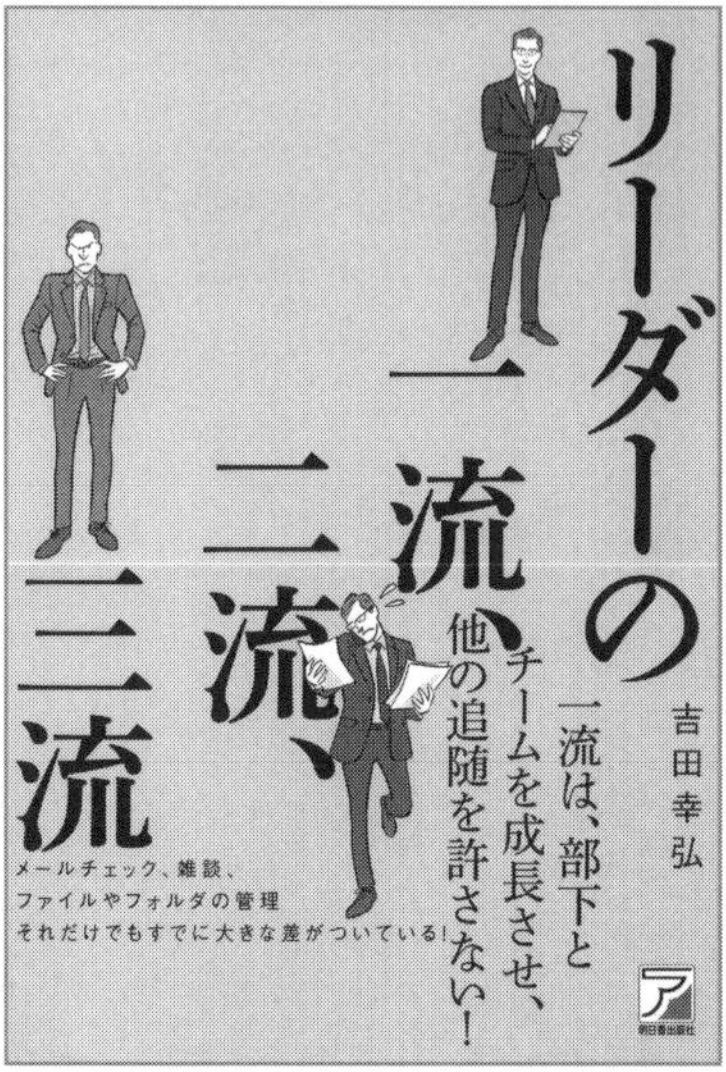

B6 並製　240 ページ　本体 1500 円＋税

一流のリーダーを目指すためにはどうすればいいのか、二流と三流とは何が違うのか？

仕事術、時間術、コミュニケーション、心得など、リーダーが押さえておかなければならないスキルと考え方を「一流、二流、三流」という 3 段階の視点でまとめました。

ISBN978-4-7569-1840-6

仕事が「速いリーダー」と「遅いリーダー」の習慣

石川 和男 / 著

B6 並製　240 ページ　本体 1500 円＋税

プレイングマネージャーと言われる管理職が増えてきました。彼らは実務をこなしながら、部下の面倒も見なければなりません。従って、毎日忙しい日々に追われ、自分の時間を持つことができないのです。本書は、リーダーの仕事を速くこなすための習慣を 50 項目にまとめました。

ISBN978-4-7569-1938-0

生産性アップ！ 短時間で成果を上げる「ミーティング」と「会議」

沖本 るり子／著

B6 並製　200 ページ　本体 1500 円＋税

毎日どこの職場でも行われているミーティングや会議。そこでは複数の人の時間を拘束してしまいます。つまり、会議を行わなければ、その時間でできた仕事、稼げた売上が存在します。それならば、短時間で効果が上がるミーティングや会議にするべきでしょう。そのための方法や技術を図解とともに学びます。

ISBN978-4-7569-1892-5

部長の仕事術

川井 隆史／著

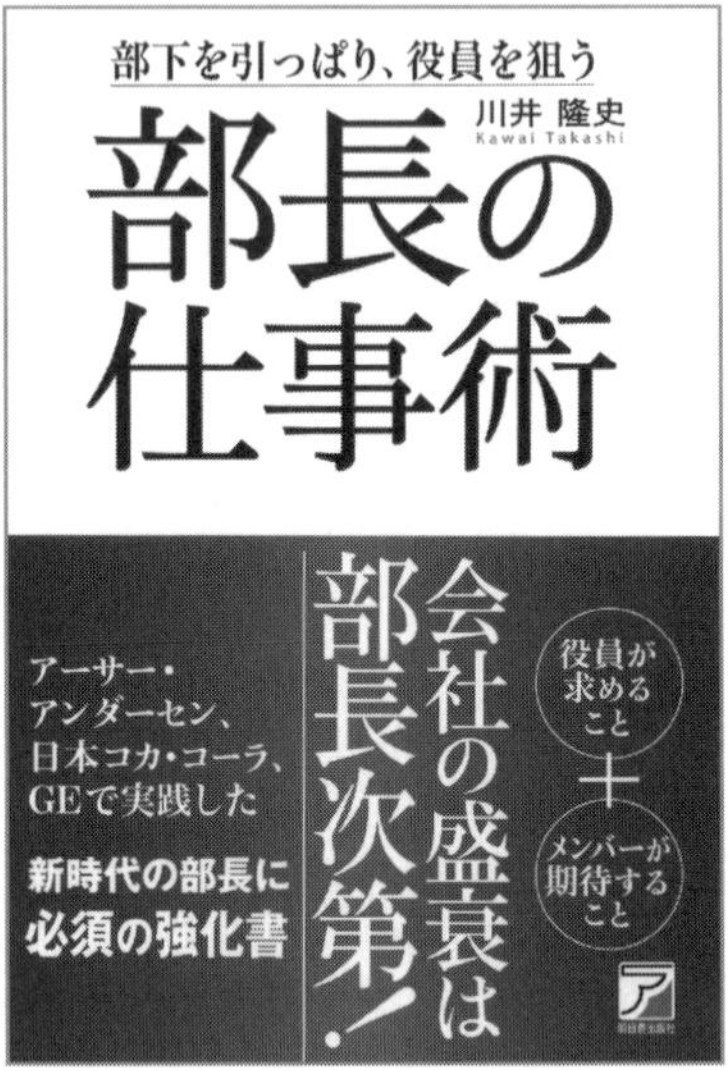

B6 並製　208 ページ　本体 1500 円＋税

「役員が部長に求めること」とは？

「メンバーが部長に期待すること」とは？

本書は、部長になりたての方、部長の仕事に日々悪戦苦闘しながら向き合っている方に、「部長職に必要なマネジメント力・仕事術」を説いた一冊です。